Gebrauchsanweisung für Amsterdam

Siggi Weidemann

Gebrauchsanweisung für Amsterdam

Piper München Zürich

ISBN-13: 978-3-492-27539-2
ISBN-10: 3-492-27539-7

Gesamtherstellung: Clausen & Bosse, Leck
Printed in Germany

www.piper.de

Inhalt

visitamsterdam

Kein Staub auf den Dächern

Wer in Amsterdam lebt, gerät ständig in Erklärungsnotstand: Warum gibt's so oft orangefarbene Törtchen? Versinkt Amsterdam schneller als Venedig im Morast? Warum weiß niemand, wo Máxima ist? Warum ist hier alles so schmal? Oder was bedeutet es, wenn jemand sagt, die Menschen essen aus der Mauer? All dies ist ohnehin schon schwer zu beantworten, aber dann kommen auch noch die Freunde aus dem Ausland und wollen Aufklärung über die Geschichten, von denen sie irgendwo gehört und gelesen haben: die Fahrräder und die Drogen, die Baugruben und die Vaganten und die Taxifahrer. Wer das wirklich wissen will, setze sich auf eine Terrasse am Rembrandtsplein, halte seine Augen offen und ist schon mittendrin. Das ist die eine Seite. Und die andere?

Keine Stadt, auch keine holländische, hat schönere Stadtkanäle, Grachten genannt, als Amsterdam. Am Grimburgwal, dem Zusammenfluss dreier Grachten, gibt's eine Postkartenidylle pur: Das Dreigrachtenhaus aus dem Jahre 1601 mit einem besonders schönen Treppengiebel, bleiverglasten Fenstern, hölzernen Fensterläden, einer Fassade aus Ziegel- und Quaderstein – eine Idylle, die an die beinahe entrückte Sinnlichkeit der »kleinen Straße« von Jan Vermeer erinnert. So etwa sah Amsterdam aus, als Nieuw-Amsterdam, das Neu-Amsterdam, 1625 am Hudson von Peter Minuit aus Wesel gegründet wurde und 1664 zu New York wurde. Amsterdam und New York, diese zwei Städte sind durch eine Nabelschnur miteinander verbunden. Allerdings blieb Amsterdam stets am Boden haften und träumt von der Schwesterstadt New York, die wie ein Schmetterling zu den Wolken strebt.

Der Name Amsterdam benötigt kein schmückendes Adjektiv. Amsterdam sagt alles. Es ist international, visuell, beschwört Inhalte und poetische Bilder. Nur wenige europäische Städte wecken derart starke Emotionen wie Amsterdam. Kann eine Stadt schön sein oder kann man sie lieben? Diese Frage bringt viele in Verlegenheit. Eine vom Wasser geprägte Stadt hat jedenfalls einen Vorsprung: Wo Wasser ist, da ist Leben, da sind die Menschen sanfter, toleranter und offener. Bewegtes Wasser schärft den Verstand, lockert das Gefühl.

An meinen ersten Besuch in Amsterdam erinnere ich mich noch gut. Als ich an der Gracht stand, glaubte ich in der schönsten aller Städte zu sein. Ohne Stadtplan habe ich mich treiben lassen und die Stadt wie ein Buch gelesen. Amsterdam ist eine offene Stadt, die vor Energie nur so vibriert, und wer hinsieht und hinhört, kehrt verändert zurück.

Für trainierte Städte-Flaneure ist Amsterdam ein unterhaltsames, amüsantes, lehrreiches und turbulentes Ziel. Die Stadt ist quietschfarbig und grobkörnig, chaotisch und egalitär, unpathetisch und unhierarchisch. Die Schönheit einer Stadt erwächst nicht aus extravaganten Einzelbauten, aus architektonischen landmarks, sondern aus dem sowohl geplanten als auch gewachsenen Miteinander von Modernem und Geschichtlichem. Amsterdam hat ein altes Zentrum, das nicht etwa durch einen Dom oder ein Fürstenschloss beherrscht wird, sondern durch Hunderte von Bürgerpalästen, aber Amsterdam ist keineswegs auf diesen glänzenden Mittelpunkt beschränkt.

Jeder, der an Amsterdam denkt, hat ein anderes Wunschbild

im Kopf. Bei vielen ist es die Klischeevorstellung einer konfusen, verkifften, anarchischen, jungen und regellosen Stadt. Ein Bild, das von den Amsterdamern selbst übrigens gerne gepflegt wird.

Mega-Metropolen wie New York oder Hongkong elektrisieren, sind der Weltnabel für Trendsetter. Dublin stimmt so manchen melancholisch, Venedig und Petersburg verwirren durch ihre Anmut. München wird wegen seiner kulturellen Einrichtungen gerühmt. Und Städte wie Hamburg, Brügge und Amsterdam verdanken ihre Eleganz dem Wasser. Und so, wie wir heute ausschwärmen, um etwas bahnbrechend Neues zu erleben, war Amsterdam im so genannten »Goldenen Jahrhundert«, zwischen etwa 1575 und 1670, ein beliebtes Ziel. Menschen fahren eben dorthin, wo es schön ist.

Diese Stadt, nach menschlichem Maß erbaut, ist ein Dorf und so verhalten wir uns dort auch. Dann kommt ein Bekannter, und wir trinken ein Glas Wein. Gemeinsam schauen wir den Booten nach und fangen an zu raten: Woher mögen sie wohl kommen. Welche weiten Wege haben sie zurückgelegt, welche Strapazen erduldet.

Die Touristen sehen sich neugierig um, viele haben Kameras vor ihren Augen, einige winken freundlich den Booten zu, andere gucken den Mädchen nach, die Amazonen gleich an den Grachten entlangradeln, oder schauen einfach nur fasziniert auf die Fassaden der Puppenhäuser. Wir nehmen noch einen Schluck und genießen unser Glück.

Amsterdam kennt jeder. Nur wenige Städte wirken auf Schüler und Studenten, auf Künstler und Pensionäre gleichermaßen so attraktiv. Die Stadt von Rembrandt, Mondrian, Nooteboom und Anne Frank fegt den Staub von den Dächern, verbindet die Sehenswürdigkeiten mit modernem Marketing. Die Stadt kann lieb und hart sein, zugänglich und verschlossen, inspirierend und entmutigend. Dorf und Weltstadt zugleich. Die zeitlos geniale Pfahlsiedlung hat schöne Ecken und unschöne Kanten.

Und das Wetter? Es wird vom milden Seeklima geprägt mit herrlichen Sommern, wunderbaren Herbsttagen und wenig Schnee.

Wenn ich die Stadt genießen will, laufe ich durch den Jordaan, radele durch den Vondelpark oder gehe zu den Eilanden, den drei Inseln im Westen. Dort habe ich das Gefühl, Amsterdam und Nieuw-Amsterdam für mich allein zu haben.

Wenn ich dann über das Wasser und die uralten Bauwerke blicke, fällt mir oft gar kein Grund mehr ein, warum ich zurückgehen sollte. Die Atmosphäre ist wie an einem fernen Ort im Nebel. An den Kais, an denen Hunderte von Booten schaukeln, Künstler in Lagerhäusern, Teer- und Salzsiedereien arbeiten sowie Katzen herumstreunen, riecht es nach allem. Amsterdam – eine Stadt wie ein Sanatorium unserer Sehnsüchte.

Der beste Platz

Dorthin, wo es schön ist

Wie nähert man sich Amsterdam am besten? Es gibt viele attraktive Möglichkeiten. Etwa mit dem Flugzeug. Wenn der Flieger einen schönen Bogen fliegt, leuchten die gelben, blauen und roten Blumenteppiche hinter den Dünen. Und wenn Sie Glück haben, macht er auch noch einen Bogen über die historische Innenstadt. Was wir hier unten natürlich nicht so toll finden. Ich bevorzuge die Bahn. Da sitze ich komfortabel und sehe aus dem Fenster, vor allem dann, wenn der Zug die Stadtränder erreicht.

Das sind natürlich die Schmutzränder. Amsterdam wächst an seiner Peripherie, irgendwo müssen die 735 000 Einwohner ja leben. Auch hier wird alles größer, aber kaum etwas zu mächtig. Die neue Hafenfront ist keine futuristische Hochhauslandschaft. Die Stadt öffnet sich damit vielmehr wieder zum Wasser, von dem einst der Reichtum kam. Zur Linken erhebt sich wie der Bug eines Containerschiffes das grün glitzernde multimediale Metropolis Museum, ein spektakulärer Entwurf von Renzo Piano. Dahinter gibt's ein wenig Seefahrerromantik: Aus dem Museumshafen ragen die hölzernen Masten der »Amsterdam« als geradezu pastorale Idylle. Es ist der Nachbau eines Vereenigde-Oost-Indische-Compagnie (VOC)-Schiffes, mit denen die Amsterdamer ihr Weltreich eroberten.

Endlich kommt auch die Centraal Station (CS), der Hauptbahnhof, in Sicht. Die Centraal Station wurde vom Architekten des Rijksmuseums auf einer künstlichen Insel im holländischen Renaissancestil erbaut. Die Schönheit des Gebäudes werden Sie nur schwer erkennen, denn der Bahnhof überrascht als Baugrube. Aber an dieser Stelle der Stadt liegt Amsterdam vor Ihnen. Rechts Taxen und Tausende von Fahrrädern, links Baustellen. Auch diese Stadt wird nie fertig. Diesmal entsteht eine neue Metrolinie, quer durch das Zentrum und mehr als dreißig Meter tief. Ein Zeichen dafür, dass die Stadt sich auf ihre sozialen, urbanen und kulturellen Ressourcen besinnt und europäische Modellstadt werden will.

Wenn Sie auf Schiphol gelandet sind, ist es schneller und vor allem preiswerter, wenn Sie den Zug zum Bahnhof nehmen. Sie sind ja mit leichtem Gepäck angereist, also verzichten Sie lieber auf Taxis. Diese modernen Mietdroschkenfahrer können den ersten Eindruck, den ein neuer Ort auf die Reisenden macht, entscheidend prägen. Wer gleich mit Taxen negative Erfahrungen macht, bei dem bleibt ein bitterer Geschmack zurück.

Bisher ist es keiner Behörde gelungen, Ordnung in das chaotische Taxi-System zu bringen. Vor Jahren durfte man die Chefs der Taxizentrale eine Bande von Kriminellen nennen. Sie ließen sich auch gerne in gestreifter Gefängniskluft fotografieren. Die meisten Taxler kennen die Stadt kaum, sprechen fast kein Niederländisch, haben oft nicht mal eine Prüfung abgelegt und veranstalten auf Kosten der Fahrgäste gerne Stadtrundfahrten. Manche Unternehmen »waschen« Geld.

In Amsterdam werden sie schnell immun gegen jede Art von Kleinkunst. Das Zentrum ist voll davon. Sie werden empfangen von Musikanten mit Panflöte, Akkordeon und Didgeridoo, Trommeln aus Afrika. Gaukler überraschen mit ausgefallener Akrobatik, Radfahrer kurven in akrobatischen Schwüngen um Reisende herum und manchmal weht ein süßlicher Duft. Sie spüren sogleich, warum Amsterdam als die kosmopolitischste Stadt Europas mit babylonischer Sprachvielfalt gilt: Die Welt ist längst nach Amsterdam gekommen. Seit mehr als vierhundert Jahren ist es ein Ort von Zuwanderern und Glücksrittern, Touristen und Ganoven, Armutsflüchtlingen und Sinnessuchern. In vielen Menschen fließt das Blut aus vielen Ländern, und Amsterdam ist immer dabei. Da streift Sie ein Augenlächeln und Sie blicken versonnen den schlanken dunkelhäutigen Mädchen oder Jungen nach. Prompt wird sich bei Ihnen das Amsterdamer Glücksgefühl einstellen.

Karl Baedekers ›Handbuch‹ für Holland und Amsterdam belegte bereits 1927, dass diese Stadt immer ein beliebtes Städteziel war. Jedes Mal, wenn ich in diesem roten Buch lese, staune ich, wie präzise alles beschrieben wurde, um dann festzustellen, dass sich eigentlich nicht so viel verändert hat. Zwar haben sich die Reisezeiten von München oder Köln halbiert, aber die Stadt empfängt ihre Gäste immer noch mit einem hohen Geräuschpegel, sie ist nach wie vor kulturelle Hauptstadt der Niederlande, ein quirliges Sammelbecken für Menschen aller Nationen und Zungen, Prunkstück europäischer Architektur, internationaler Lebensfreude und wird in einem Atemzug mit so aufregenden Städten wie Paris, Hongkong, San Francisco, Venedig oder Barcelona erwähnt. Vielleicht haben Sie Glück und eine der letzten Drehorgeln begrüßt Sie auf dem Dam mit swingender Musik oder dem Ohrwurm ›Tulpen aus Amsterdam, tausend rote, tausend gelbe ...‹.

Um Rat gefragte Bewohner der Stadt zeigen sich Ihnen gegenüber hilfreich, sind um keinen Fingerzeig verlegen. Sie werden bemüht sein, in der ihnen fremden Sprache zu antworten. In ihrer Hilfsbereitschaft überschlagen sie sich dann förmlich: »Also, Sie gehen geradeaus, dann die dritte Straße nach rechts, am Ende biegen Sie nach links in die Gasse ab.

Nein, warten Sie. Besser ist es, wenn Sie jetzt rechts abbiegen, dann kommen Sie an einen kleinen Platz, den können Sie nicht verfehlen, denn dort ist ein Schuhgeschäft. Dort wenden Sie sich nach links, dann durch den engen Steg zur Gracht. Nein, es geht noch schneller. Sie gehen vom kleinen Platz einfach geradeaus und die erste, nein, die zweite Gasse, die biegen sie ab...« Alles begriffen? Keine Sorge, auch unsereins kommt manchmal dort an, wo er eigentlich nicht hinwollte, trifft dann womöglich unversehens auf Prinzessin Máxima, die das Königshaus vor der Bedeutungslosigkeit gerettet hat.

Für einen »flüchtigen« Besuch hatte Baedeker mindestens drei Tage vorgeschlagen. Und wie damals, muss man sich die Stadt erwandern – auch wenn Sie den Eindruck haben, alles sei hier fahrradgerecht. Amsterdam ist kein urbanes Biker-Paradies. Kreative Fotografen radeln auch nicht! Sie wissen, nur beim Flanieren lässt sich das Leben festhalten und nachempfinden, wie es war, als diese Stadt alle sieben Weltmeere beherrschte und die klassischen Viertel der Ankunft für alle Besucher – Grachtengürtel und Altstadt – entstanden.

Amsterdam ist durchgehend geöffnet. Über 34 000 Hotelbetten warten auf Gäste. Die nächtlichen Endstationen können einige tausend Euro kosten, wenn Sie es luxuriös mögen, zu billig dürfen die Zimmer aber auch nicht sein, ab 65 Euro bekommen Sie ein Bett und eine Dusche. Die beliebtesten und begehrtesten Adressen liegen im Grachtengürtel und im Museumsviertel. Grachtenhotels sind zwar romantisch, können aber recht eng sein. Viele Hotels vermieten am Wochenende nur ab drei Tage. Ausgefallen und angenehm sind etwa »Arena«, »Ambassade«, »Lloyds«, »Prinsenhof«, »Brouwer«, »De Filosoof«, »The College« oder »Banks Mansion«. Eine günstige Alternative ist die ehemalige Jugendherberge, das moderne »Stayokay«. Da die Stadt zu keiner Zeit über Besuchermangel klagen kann, sollte man rechtzeitig reservieren.

Am besten, Sie begucken sich das Angebot im Internet: www.visitamsterdam.nl.

Schön ist es in Amsterdam zu jeder Jahreszeit, das Wetter meist sonniger und frischer als in Deutschland. Richtig voll wird es über Silvester und zu Ostern. Autofahrer verfluchen dann den Moment, als sie sich entschieden haben, mit dem Wagen zu kommen. Bereits am Karfreitagmorgen gibt es die ersten Staumeldungen in Richtung Amsterdam. Die Nachrichtensprecherin warnt: »Der Ferienverkehr sorgt für extra Staus.« Stündlich werden diese Meldungen aktualisiert und am Mittag rollen bereits vermehrt Wagen mit ausländischen Nummernschildern durch die Straßen. Menschen fahren eben dorthin, wo es schön ist.

Wie international die Stadt ist, sieht man an den europäischen Euromünzen, die man als Wechselgeld erhält.

Master-Plan

Ewig strahlt das Juwel

Jan Six blickt mich so eindringlich an, als habe er gerade seinen ockergelben Mantel über die linke Schulter geworfen, als wolle er in diesem Moment aus dem Bild treten, um mit mir einen Spaziergang durch Amsterdam zu machen. Jene Stadt, die während seiner Regentschaft Weltstadt war. Jan Six bleibt, lächelt, und das seit 1654. In jenem Jahr hat ihn Rembrandt für die Ewigkeit festgehalten. Das Besondere an dem Auftragsporträt: Es ist der einzige echte Rembrandt, der noch an dem Platz hängt, für den es gemalt wurde: in der Beletage des Patrizierhauses an der Amstel. Jan Six war mehrmals Bürgermeister sowie Förderer und Freund von Rembrandt.

Jan Six der Zehnte hat ebenfalls den beneidenswerten Blick auf die Amstel – wie schon sein Ur-Vorfahr. Das ist gediegenes Amsterdamer Ambiente. Reden wir also über die Stadt, Mijnheer Six!

Der Grachtengürtel, Heren-, Keizers- und Prinsengracht, ist untrennbarer Bestandteil der Mythologie von Amsterdam. Er wurde in der sumpfigen Brache vor der Stadtmauer erbaut und umrundet wie ein steinernes Korsett die Altstadt, ein übervölkertes Labyrinth enger Gassen. Wir haben es mit etwas sehr Kostbarem zu tun, wenn wir vom Drei-Grachtengürtel sprechen, erzählt Jan Six, und doch handele es sich um eine Filmkulisse. Alles Attrappe, relativiert er die Schönheit des historischen Stadtbildes, wo kein Hochhaus den Blick verstellt. Die Stadt habe Seuchen und Herbststürme überstanden, blieb von Feuersbrünsten und allzu verheerender Kriegszerstörung verschont, aber die Moderne habe ihr schwer zugesetzt. Blicke man hinter die restaurierten Fassaden, so fände man nichts als Verwüstungen. Von der ursprünglichen Innenausstattung seien allenfalls zwei Prozent bewahrt geblieben. Wir haben es mit europäischer Geschichte zu tun, und das bringe Verpflichtungen mit sich. Das alles erzählt Jan Six. Im Gegensatz zu seiner Blickweise bin ich immer wieder angenehm überrascht, was alles erhalten geblieben ist. Aber vielleicht liegt das auch nur am idealisierten Blick.

Und Six kann sich richtig in Rage reden, wenn er mit dem Finger auf Stadtplaner, Projektentwickler und vor allem auf die Stadtväter zeigt, die weder eine Vision haben noch über Fingerspitzengefühl verfügen. Beängstigend sei, dass die Stadt den Massentourismus noch mehr fördern wolle, als ob wir nicht schon genug Besucher hätten. Damit würde die kulturelle Identität gefährdet. Ich will die Amsterdamer wachschütteln, erzählt der 1947 geborene Jan Six. Wenn er von seinem Haus aus an der Amstel entlangwandert, falle ihm immer wieder die Einmaligkeit des Grachtengürtels auf. Ein Problem sei auch, dass die Stadt langsam im Morast versinke. Den Untergang werden wir nicht mehr erleben, beruhigt mich Six und gibt mir den Tipp, alte Stadtansichten im Historischen Museum anzuschauen. Etwa das Idealbild, so wie es Caspar Philips Jacobsz zwischen 1768 und 1771 aufgezeichnet hat.

Sie können natürlich nicht alle Museen besuchen, aber zwei, die ein gutes Bild zur Stadtgeschichte vermitteln, sollten Sie doch betreten: Das Historische und das Scheepvaart Museum. Im Arsenal der Marine wurde das Schifffahrtsmuseum eingerichtet mit der größten Schiffssammlung der Welt.

Im Hafen dümpelt der Nachbau des Ostindienfahrers »Amsterdam«. Schön auch für Kinder, besonders weil hier im Sommer Szenen aus dem Seemannsleben nachgespielt werden.

Wie fahrlässig mit dem historischen Erbgut umgesprungen werde, sieht Six, wenn er von seiner Beletage auf den Amstelhof blickt, in dem eine Dependance der Hermitage (St. Petersburg) eingerichtet wurde. Eine falsche Wahl sei das, denn das Gebäude zähle seiner Meinung nach gemeinsam mit dem Rijksmuseum, der Centraal Station und dem Koninklijke Paleis zu den besonders markanten historischen Bauwerken. Im Amstelhof, ein Altersheim aus dem 17. Jahrhundert, hätte das Historische Museum einziehen müssen. Da geben ich und viele andere ihm Recht. Aber der Direktor der Hermitage-Zweigstelle hatte die besseren Beziehungen – bis hin zur Königin. Allein das zählt.

Die Stadt stand im 17. Jahrhundert, zu Lebzeiten von Bürgermeister Six, auf dem Höhepunkt ihrer Macht. Es war die klassische europäische Stadt, die die Verheißungen von Freiheit, Wohlstand und *Gezelligheid* verwirklicht hatte und deren architektonische Gestalt auch ein Symbol des Gemeinwohls war. Die Amsterdamer zimmerten ihre wendigen Dreimaster in Serie, schossen sich auf Spanier und Portugiesen ein, klauten deren Seekarten, segelten nach Afrika, Asien und Südamerika, wo die Reichtümer der Welt lockten.

Im Sumpf erbaut, auf Pfählen ruhend, kroch die Amphibie Amsterdam immer weiter an Land, um bald nach Paris, London und Neapel die viertgrößte Stadt Europas zu werden. Eine Weltstadt, Knotenpunkt des Handels, Börsenplatz, Sitz großer Unternehmen und der VOC. Der erste multinationale Konzern hatte Handelsstationen in China, Ostindien, Ceylon und Afrika und unglaubliche Gewinne erzielt. Amsterdam war die Schaltzentrale der damaligen globalen Ökonomie und Machtzentrale im Sklavenhandel. Von hier aus wurde ein Weltreich zwischen West- und Ostindien, Kapstadt und Nieuw Amsterdam, dem heutigen New York, regiert und dirigiert. Die Kapitalströme beeinflussten Europa, Niederländisch war Weltsprache, die Tabak- und Zuckerhändler erbauten sich ihr Tusculum an der Amstel. Der vorherrschende Duft, der in den Straßen hing, war Tabak. Die Menschen waren »kollektiv von Tabak und Alkohol abhängig«, hatte der Historiker Simon Schama herausgefunden.

Es gab *koffiehuizen*, getrennt nach Männern und Frauen, und hungern musste auch niemand. Das von allen Ständen favorisierte Gericht war *hutspot*, ein auch heute noch beliebter Eintopf aus Fleisch und Gemüse. Kurz, von allem gab es im Überfluss – dank der neu entwickelten Marktwirtschaft. Amsterdam, die damals am dichtesten bevölkerte Stadt der Republik, war aber auch die kriminellste. Der Zeedijk, der Dam und der Leidseplein waren die berüchtigtsten Arbeitsplätze der Diebe. Auch heute ist es dort nicht anders. Ich kann Ihnen versichern, es ist in der Tat ein merkwürdiges Gefühl, wenn man in der eigenen Manteltasche eine Hand berührt, die dort nichts zu suchen hat.

Die drei Wasseravenues, die Heren-, die Keizers- und die Prinsengracht, gelten als ein architektonisches Gesamtkunstwerk. Der Halbmond war die erste planmäßige Erweiterung einer mittelalterlichen Stadt und das größte städtebauliche Projekt seiner Zeit. Der Master-Plan wurde wie ein Scheibenwischer in etwa 60 Jahren verwirklicht. Aufgefallen ist Ihnen inzwischen sicher auch, dass überall Wohnboote liegen – nur nicht an der Herengracht. Das liegt daran, dass der vornehme Charakter dieser Wasserstraße erhalten bleiben sollte.

Venezianer sahen im Grachtengürtel das klassische Schönheitsideal einer idealen Stadt verwirklicht, eine Architektur nach menschlichem Maß. Und dann das Grün. Die Grachten sind von Linden, Ulmen sowie Platanen bestanden und das alles sorgt für eine heitere Atmosphäre.

»Wir befinden uns hier im Herzen der Dinge. Finden Sie nicht, dass die konzentrischen Kanäle von Amsterdam den Kreisen der Hölle gleichen? Der bürgerlichen, von Albträumen bevölkerten Hölle natürlich«, fragt der Pariser Tourist Clamence, ein traumatisierter Egoist, in Albert Camus' ›Der Fall‹, und fährt fort: »Aber dann verstehen Sie, warum ich sagen kann, der Mittelpunkt der Dinge sei hier, obgleich wir uns am Rande des Kontinents befinden. Aufgeschlossene Menschen begreifen diese Wunderlichkeiten.« Ein Buch ohne Handlung, das 1956 veröffentlicht wurde und dem Autor ein Jahr danach den Nobelpreis eingebracht hat.

Auf den ersten Blick erkennt der Besucher nicht, dass dem Amsterdamer Stadtbild zahlreiche Wunden zugefügt wurden. Das sieht nur ein Kenner wie Jan Six. Genau 78 Grachten wurden in den letzten 150 Jahren in Straßen umgewandelt, aber eine der größten Planungssünden wäre es gewesen, wenn der »Plan Kaasjager« Wirklichkeit geworden wäre. Der frühere Polizeipräsident wollte die Gracht Singel – rund um das historische Zentrum – in eine Schnellstraße verwandeln. Von Planlosigkeiten ohne Ende weiß auch drs. Walther Schoonenberg zu erzählen. Ich treffe den Vorsitzenden der Vereinigung ›Vrienden van de Amsterdamse Binnenstad‹ in seinem Haus an der Herengracht. Wir schauen gemeinsam auf die Gracht. Obwohl wir den Blick kennen, bestätigen wir uns gegenseitig, wie schön das doch alles ist. Auch er teilt die Auffassung von Six, dass die Stadtväter stets ein widersprüchliches Verhältnis zur Stadt hatten. »Sie erkennen einfach den Wert des Gesamtkunstwerkes nicht«, erklärt mir Schoonenberg. Da könne man es auch Touristen nicht übel nehmen, die meinen, sie befänden sich in einem Freizeitpark, und sich benehmen, als hätten sie nie soziales Verhalten gelernt.

Um den Erhalt des Kunstwerkes, das Amsterdam heißt, haben sich auch Stiftungen wie ›Hendrick de Keyser‹, ›Stadsherstel‹ sowie ›Diogenes‹ verdient gemacht. Wichtige und erfolgreiche Lobbygruppen. Schließlich ist das historische Zentrum »das Huhn, das die goldenen Eier« legt.

Wann aber ist ein Grachtenhaus ein Baudenkmal? Ein »stilechtes« Gebäude findet man kaum, und so stellt sich Restauratoren immer wieder die Frage, wie weit sie in die Baugeschichte zurückgehen können. Zumeist ist das Skelett aus dem 17. oder 18. Jahrhundert, die Giebelfront im Stil Louis XIV. gehalten, der Giebel vielleicht Barock, die Sprossenfenster wieder jünger und das Portal erst einige Jahrzehnte alt. »Amsterdam besitzt die größte noch erhalten gebliebene historische Innenstadt. Auch wenn das Zentrum den Titel ›geschützte Stadt‹ trägt, müssen wir höllisch aufpassen, denn der Stadtrat hat sich Fluchtwege offen gehalten, um seine wirtschaftlichen Interessen durchzusetzen«, sagt Schoonenberg.

Maklern sind die Denkmäler zum steuerlich subventionierten Markenartikel mit dem verkaufsfördernden Charme des Nostalgischen geworden. In Deutschland oder Frankreich gibt es noch so etwas wie Bildungsbürgertum, eine interessierte Mittelklasse, glaubt Jan Six, der Zehnte, hier hingegen fehle es an Qualität. Die Fehlentwicklungen hätten damit begonnen, erzählt Six, dass proletarisch geprägte Aufsteiger und Technokraten die Macht ergriffen. In den siebziger Jahren des letzten Jahrhunderts entvölkerte das Zentrum. Es war die dritte Katastrophe nach dem Verlust der asiatischen Kolonien. Auf dem Zentrum basierte ein großer Teil der örtlichen Wirtschaft. Dazu kam der Verlust des städtischen Judentums, das in Kultur und Wirtschaft eine wichtige Rolle gespielt hat. Amsterdam hat dadurch an kultureller Identität verloren. Würden wieder mehr Menschen hier leben und arbeiten, die nichts mit dem Tourismus zu tun haben, wäre das Leben auch angenehmer. Ausländer und Neureiche seien in restaurierte Stadtpaläste eingezogen. Six nennt sie Verrückte. Warum? Weil es den meisten von ihnen nichts ausmache, mehrere Millionen Euro für ein Grachtenhaus hinzublättern oder sich für Unsummen ein Appartement zu kaufen, nur weil es plötzlich schick ist, am Grachtengürtel und nicht mehr auf dem Lande zu wohnen. Dabei haben sie keinerlei Verständnis für kulturelles Erbgut. Sie übermalen alte Balken, reißen historische Küchen heraus, lassen geschwungene Holztreppen abbrechen, Stuckarbeiten übertünchen. Die Strafe von einigen tausend Euro zahlen sie lächelnd. Six gibt zu, dass das Geld und der aufwändige Lebensstil der Reichen auch der Stadt zugute kommt.

Jan Six, und nicht nur er, ärgert sich auch über die Arroganz jener Amerikaner, die Jahrzehnte in Amsterdam wohnen, es aber nicht für nötig halten, die holländische Sprache zu sprechen. Sie lesen die »Herald Tribune« statt der Stadtzeitung »Het Parool« – warum bleiben die eigentlich hier? So die rhetorische Frage. In der Tat verfolgt das alteingesessene Amsterdamer Bürgertum die wachsende Attraktivität ihrer Stadt mit einem Gefühl von Argwohn. Auch Bürgermeister Job Cohen muss einräumen, dass es eine gewisse Fremdenfeindlichkeit in der als weltoffen geltenden Stadt gibt.

Von zwei Erscheinungen, entweder einer goldenen Zukunft oder einem goldenen Zeitalter, wird das Bild der Stadt geprägt. Das »Goldene Jahrhundert« war jene Epoche, als die Stadt, in der es zuvor nach Hering, Schalbier, Torffeuer und Pferden gerochen hatte, plötzlich zu einer Metropole aufstieg, zu einem Phänomen, das seinesgleichen auf der Welt suchte. Solange die Stadt das Zentrum einer Großmacht war, war der Kaufmann König und Kapitän, der sein Schiff sicher und reich beladen in den Hafen zurückbrachte.

Für das Königshaus, das nur Geld kostete und zu nichts nützlich war, hatten sie nie Sympathien. Das drückt sich auch in der Namensgebung der Grachten aus. Zuerst kommt der prachtvollste aller Kanäle, die Herengracht. Sie wurde nach den Regenten der Stadt, den mächtigen Herren, genannt. Mit der Keizersgracht erwies man dem deutschen Kaiser Maximilian die Ehre. Er hatte der Stadt die Kaiserkrone verliehen und die schmückt die Turmspitze der Westerkerk. Die einst mächtigere Hansestadt Lübeck wurde vom Kaiser nur mit der Königskrone ausgezeichnet. Die Prinsengracht, dort wo die *eenvoudige burgers* bauten, erhielt ihren Namen von Statthalter Willem van Oranje, Ahnherr des Königshauses.

Dank des Grachtengürtels ist die Orientierung eigentlich einfach. Damit Sie sich nicht verlaufen, merken Sie sich einfach den Satz *Piet Koopt Hoge Schoene.* PKHS – die Initialen stehen für die Prinsen-, Keizers-, Herengracht und Singel. Sie stehen in Richtung Bahnhof, dem man desto näher ist, je niedriger die Hausnummern sind. Diese Eselsbrücke lernten früher die Kinder, damit sie sich nicht verirrten.

Wie sieht mein eigenes Bild aus? Herrlich ist ein Spaziergang am frühen Morgen oder gegen Abend, wenn das Licht der Maler für wechselnde Stimmungen sorgt, sich die urbane und maritime Vielfalt entfaltet. Es lebt sich gut in der Geschichte. Bei schönem Wetter sitzen Bewohner auf ihren Treppen bei einem Glas Wein oder auch zwei, lesen die Zeitung, unterhalten sich mit Freunden oder gucken einfach den Booten nach. Touristen finden das verlockend, setzen sich auch auf Treppen, um ihren Joint zu rauchen oder ihre Snacks zu verzehren. Das stört viele Anwohner. An manchen Eingängen weisen Zettel die Eindringlinge darauf hin: *Do not sit here* oder *This stairways is for exclusive use of the inhabitants of the building. Do not sit or access here.*

Der Halbmond, jene konzentrischen Kanalringe mit Quergrachten *(dwars)*, wurden von Tagelöhnern, Vagabunden, Landstreichern und Gefangenen gegraben. Bevor mit dem Bau begonnen werden konnte, mussten die Baumstämme bis zu dreizehn Meter in den Schlamm getrieben werden. Die Bäume kamen in Rheinflößen aus dem Schwarzwald oder aus Skandinavien. Alles war streng reglementiert, das ist auch heute nicht anders. Nicht nur die Fundierung war vorgeschrieben, sondern auch Baumaterialen wie gebrannter Ziegel, die Farbe der Backsteine, Sandstein, der Marmor Amsterdams. Um die porösen Ziegel Wasser abstoßend zu machen, wurden die Wände mit Leinöl, dem Caput mortuum (Venezianischrot) beigemischt war, angestrichen.

Auf den Holzteppich wurden schwere Holzplatten genagelt. Die Häuser hatten drei bis vier Stockwerke – mehr trug der schwammige Untergrund nicht. Noch heute ist die Fundierung eines Neubaus im Zentrum äußerst kostspielig. Die begrenzt belastbaren Fundamente sind der Grund, dass der eine Bauherr den anderen mit seinem Haus nicht überragen konnte und sich alle aneinander lehnen mussten. Statisch war Prachtentfaltung ausgeschlossen, Reichtum zeigte sich nur in der Ausschmückung der Fassaden, und die Monumentalität der Herrenhäuser wurde erreicht, indem man die Fensterreihen mit dem typischen gemauerten Kreuzrahmen hoch ausführte. Dank dieser Methode wurde das Gewicht der Gebäude verringert.

Die herrschende Mode war durch Barock und den strengen italienischen und französischen Klassizismus vorgegeben und hat sich zum typischen Amsterdamer Grachtenstil vermischt. Obwohl von dem einheitlichen Grachtenhaus-Stil eine strenge Geschlossenheit ausgeht, ist eine Vielfalt an Giebeln erkennbar, denn den Baumeistern bot sich in der Gestaltung der Fassadenabschlüsse die Möglichkeit, ihren besonderen Stil, Geschmack und Reichtum zum Ausdruck zu bringen. Die Giebel vereinigten vom italienischen Klassizismus über den mit zahlreichen Blattmotiven verzierten Barock bis zum kapriziösen Rokokostil alle Stilelemente. Die aufwändigen Stuckarbeiten wurden italienischen Stuckateuren übertragen.

»Drehe um die Stadt, es steht ein Wald darunter, auf Bäumen unlängst noch geholt aus nordischen Ländern«, beschreibt der bekannteste Renaissancedichter der Stadt, Joost van den Vondel, die »große Stadt«. Wie genial zur Zeit des gebürtigen Kölners gearbeitet wurde, sollten die Ingenieure beim Bau der neuen Metro unter dem historischen Zentrum im Sommer 2004 erfahren. Bauarbeiter stießen im morastigen Grund nicht auf eine, sondern gleich auf mehrere Uferbefestigungen, die aus Tausenden von steinharten Eichenstämmen bestanden. Sie konnten nicht entfernt werden, weil der Boden und mit ihm die Gebäude weggerutscht wären. Stamm für Stamm musste gelöst oder mit einem »Hypermixer« zerschreddert und die Löcher blitzschnell mit einer Sand-Zement-Mischung aufgefüllt werden – das waren neue Probleme und alle Kostenvoranschläge waren erneut Makulatur.

Warum stehen manche Giebelhäuser so schräg, als würden sie umkippen? Die Schräglage ist gewollt. Dank dieses Kunstgriffes werden Mauerwerk und Farbe vor der Witterung geschützt, und es kann nicht in offene Fenster regnen.

Da viele Treppen nichts anderes als bessere Leitern sind, müssen auch heute noch Möbel mit Hilfe von Takelbalken auf die gewünschte Höhe gehievt werden. Fast jedes Haus, auch moderne Sozialbauwohnungen, haben einen *hijsbalken*. Eine Tradition, die rund 400 Jahre alt ist. Der Umzug mit dem Tau ist eigentlich recht einfach, aber nur Amsterdam kennt den *hijsbalken* – im Rest des Landes ist er unbekannt. Es sind einige Regeln zu beachten, etwa wie das Seil um einen Tisch oder um ein Klavier gewickelt werden muss. Und weil das historische Zentrum gemeinsam mit Venedig zur bestdokumentierten Stadt der Welt zählt, fehlt auch ein Buch zu diesem Thema mit Hinweisen zum *hijsbalken* nicht. Wenn irgendwo solch ein Takel-Schauspiel geboten wird, bei dem es mit artistischem Können und nach festen Spielregeln zugeht, gibt es immer ein Publikum. Am Takelseil ziehen Frauen und Männer die Familienerbstücke oder Eichenschränke hinauf. Weitere Helfer stehen am Fenster, um den Schrank in die Wohnung zu ziehen, und weitere Helfer stehen am Boden, um den Transport durch die Luft zu überwachen. Auch dabei bewährt sich die Schräglage: Die Möbel schlagen nicht gegen die Mauern. Und wer beim Ziehen geholfen hat, dessen Hände riechen noch lange nach Seil. Ein herrlicher Duft.

Die Behörde mit dem zungenbrecherischen Namen *Hoogheemraadschap* wacht darüber, dass wir keine nassen Füße bekommen. An dieses Amt, das seit dem 13. Jahrhundert besteht – eine Gemeinschaft von Bauern, um das Wasser zu bezwingen – müssen wir jährlich mehrere hundert Euro Steuern zahlen. Die *Heemraadschappen* legten den Grundstein für das kollektive Bewusstsein für die Verantwortung des öffentlichen Raums, die Basis des Poldermodells.

Bis zu fünfeinhalb Meter liegt die Stadt stellenweise unter Normal-Null und befindet sich demnach in der klimatischen Gefahrenzone. Aber richtig ernst werden die Folgen der Zunahme des Kohlendioxyds und die damit verbundene aufheizende Luftglocke nicht genommen. Kaum war das neue Jahrhundert vier Jahre jung, wurden wir wieder gewarnt. Diesmal von kalifornischen Experten, die im Auftrag des Pentagons in Washington die Folgen der Klimaveränderungen errechneten. Stürme verwüsten Deiche und Schleusen, große Teile der Stadt unter Wasser – dieses Szenario soll bereits in Kürze Realität sein. Beim Wetterdienst KNMI wurde die Pentagon-Nachricht ebenso amüsiert zur Seite gelegt wie beim *Stadswaterkantoor*: »Ein dramatisiertes Planspiel für Katastrophenfilme.« In einem früheren Bericht der Deichämter heißt es: »Es wird einmal der Tag kommen, da überspült das Meer wieder den größten Teil unseres Lebensraumes.« Bleibt noch zu diskutieren, wer von diesen zwei Amphibienstädten zuerst untergeht, Amsterdam oder Venedig.

Stadtoasen

Die Welt der verborgenen Natur

Die Vitragen sind zurückgezogen und Sie können sehen, wie die Eingeborenen wohnen. Sie können in rote Schaufenster mit tänzelnden Frauen gucken. Sie können beobachten, was die Amsterdamer essen, wenn sie vor ihren Häusern sitzen, und am Abend, wenn Sie mit dem Boot durch die Grachten fahren, können Sie fernsehen. Das Private scheint öffentlich.

Da gibt es Stunden, da surren die gläsernen »Schneewittchensärge«, wie die platten Boote spöttisch genannt werden, zu Dutzenden an den Giebeln vorbei und Lautsprecher bringen Rhythmus in den Stillstand und die Bootsführer erklären, dieser Schlauch an der breiten Gracht, hinter dem diese Zeilen geschrieben wurden, sei das schmalste Haus der Stadt. Während ich ihre erstaunten Achs und Ohs über so viel Wasserromantik an ihren Lippen ablesen kann und einige fröhlich winken, halten die Welttouristen ihre Digital- oder Videokameras auf das 1 Meter 80 breite Gebäude mit dem dunkelgrünen Portal gerichtet und ich darf mich als beneidenswertes Objekt ihrer zügellosen Souvenirlust fühlen. Tagtäglich.

Wenn es stimmt, was die Amsterdamer Touristen ausgerechnet haben, dass der Eiffelturm auf Platz eins der am meisten fotografierten Sehenswürdigkeiten steht, den Grachten und dem schmalsten Grachtenhaus aber der zweite Rang gebührt, bedeutet dies doch nichts anderes, als dass ich hier zu den meistfotografierten Menschen gehöre. Abgelichtet zu werden hat etwas wie Unsterblichkeit.

So habe ich mich ins Unvermeidliche gefügt. Unter den Bildern steht dann vielleicht »Amsterdam, mein schönstes Erlebnis«, oder »Amsterdam, schmalstes Haus«. Was der Wahrheit nicht entspricht. Sollten Sie wieder vorbeifahren und Ihnen wird dieser Unsinn erzählt, wissen Sie es nun besser: Zwischen den zwei eindrucksvollen Grachtenhäusern befindet sich dieses Zwischengebäude. Früher führte an dieser Stelle ein Gang zu einer so genannten Geheimkirche der Mennoniten im Hinterhof. So genannte »Geheimtipps«, von denen Fremden- oder Reiseführer gerne sprechen, gibt es keine. Das »schmusige Grachtenhotel«, das »urige Feinschmeckerlokal« oder der »ganz besondere Design-Laden« in einer der berühmten »neun Straßen« – zwischen Heren- und Prinsengracht – alles ist in der Welt des Internets auch anderen Besuchern bekannt.

Die rhododendronlila-rosenroten-supergrünen Stadtoasen sind oft in Lifestyle-Magazinen zu bewundern als Zeichen einer ganz besonderen Lebenskunst: Gärten der Lüste, Spielwiesen der Privilegierten. Öffnet sich eins der Portale, ist das Innere auf luxuriöse Repräsentanz ausgelegt, werden längst überlebte aristokratische Lebensformen sichtbar. Wird der Besucher durch den hohen Gang bis zum Ende des Hauses geführt, liegt dort der Innenhof. Landmenschen ahnen ja nicht, wie vielfältig die Natur in diesen Retiros ist. Seitdem auf dem Land die Lärmkulisse hoch und die Unruhe groß ist, fliehen auch die Vögel in die Stadt, denn sie fühlen, die Menschen sind nett zu ihnen. Sie können ungestört brüten und satt werden sie alle. Selbst die Fledermäuse fühlen sich bei uns wohl.

Amsterdamer können auch nett sein und Besucher sind dann willkommen. An einem Wochenende im Frühsommer stehen neugierige Liebhaber geduldig in der Reihe. Privatleute öffnen für sie ihre Türen, um Ihnen diese »schönste Luxusseite unserer Stadt« zu zeigen, erzählt mir Marianne Verloop. Als britische Landlady könnte die Besitzerin in einem Film von Rosemarie Pilcher mitspielen. »Wir wollen ihnen zeigen, wie es sich hier lebt, wollen sie ein wenig teilhaben lassen an unserer Wohnkultur und damit erreichen, dass Besucher ein intimeres Verständnis der Stadt bekommen.« Diese nette Tradition wurde von England übernommen.

Gelbe Tulpen leuchten aus der von Altersrissen gezeichneten Delfter Tulpenvase, wenn hinter mir die massive, in dunklem Grachtengrün gehaltene Tür ins Schloss fällt. Verspielt, versponnen, sehnsuchtsvoll. Ein unfassbar zufriedener Hund schnüffelt an den alten Rhododendronbüschen. Es ist so kunterbunt schön, dass ich mich jedes Mal als Gärtner bewerben will. Der Garten ist so breit wie das Haus, sechs Meter, aber dreißig Meter lang und im englischen Naturstil nach Plänen des Gartenarchitekten Mien Ruys eingerichtet.

Das Giebelhaus an der Keizersgracht ist im Stil des späten »Goldenen Jahrhunderts« erhalten. Es hat einen jener Cottage-Gärten, die sich Ihnen öffnen. »Japaner, Amerikaner oder Australier planen ihre Europareise so, dass sie genau dann in Amsterdam sind«, sagt Hausbesitzerin Marianne Verloop, »und wollen wissen: Wächst das bei uns auch?« Da ist so manch einer, der am liebsten alles kaufen würde. In einem Salon spielt ein Quartett Kammermusik. Eine Pianistin spielt einen Triumph des Seelengesangs, eine Sängerin interpretiert Schubert gemütlich dem Tod entgegen, andere Gastgeber laden zu einem Glas Riesling ins Gartenhaus. Wer aus dieser verborgenen Natur zurückkehrt, der sieht die Stadt mit anderen Augen als zuvor.

Was wäre die Stadt ohne ihren grünen Grachtengürtel? Sie

würde nicht auf der Denkmalliste der ›Unesco‹ stehen, viele der noch zehn Millionen Besucher im Jahr würden andere Städteziele bevorzugen, der Grachtentourismus wäre kein Big-Business. Auch darum lädt der Bürgermeister Besucher gerne in seine Amtswohnung an der Herengracht ein. Hinter dem behaglichen Haus, im Louis-XVI.-Stil mit Gold und Schmuck eingerichtet, erstreckt sich der Garten im französischen Stil mit einer wunderschönen Gloriette. Wenn ich auf der Gästeliste stehe, nutze ich die Gelegenheit, um das gepflegte Anwesen mit seinen buchsbaumgesäumten Wegen zu bewundern und darüber zu staunen, was für ein unvorstellbarer Luxus es war, in einer befestigten Stadt Gärten anzulegen. Neidvoll hatte bereits der Pariser Kardinal Richelieu zugeben müssen: »Sie waren Ausbeuter, die im Morast lebten. Selbst den Läusen gönnten sie nichts, aber ihre Sümpfe verwandelten sie in Gärten.«

Bei diesen Oasen handelt es sich um eine Gestaltung des Raumes, in dem der Maßstab alles bestimmt. Dort stehen Putten aus Marmor und Sonnenuhren, befinden sich Küchengärten, Seerosenbecken und Brunnen. In diesem Kleinklima reifen Zitronen, Orangen und einst so kostbare Pflanzen wie Lilien, Rosen, Lorbeer und Feigen. Aus den Kolonien kamen all die Schätze. In einigen stehen gewaltige Buchen oder Kastanien. Der berühmteste Kastanienbaum der Welt wächst im Hintergarten an der Prinsengracht 263.

Anne Frank, die dort mit ihrer Familie versteckt im Hinterhaus lebte, sah den Baum aus ihrem Dachfenster und beschrieb ihn in ihrem Tagebuch. Inzwischen ist der Baum von einem Holzparasiten befallen und stirbt langsam. Geplant ist, die Kastanien des Anne-Frank-Baumes zu sammeln, um daraus Setzlinge zu züchten. In den neunziger Jahren wurde die rund 150 Jahre alte Kastanie schon einmal für etwa 175 000 Euro vor dem Absterben gerettet.

In anderen Gärten wird in Teepavillons der High Tea serviert, lächeln Gartenzwerge, zieren ganze Gruppen von rot bemützten Gartenfiguren die Parks, hat ein Revival der Zwerge stattgefunden, wohl, weil es wieder zum Lifestyle gehört. Dann Rebzweige, die aus Mauern hervorlugen, sie sind aus Plastik und mit Dübeln festgeschraubt. Es gibt sogar Kunstgras mit künstlichen Teichen.

Natürlich wohnen nicht alle Amsterdamer so idyllisch. Wer Glück hat, besitzt einen Garten oder ein Zweithaus am Stadtrand, und so zieht es Tausende ins Grüne: *Lekker buiten.* Wie in der Stadt, so ist auch hier alles genau geregelt. So ist es untersagt, im Garten Gemüse oder Kartoffeln anzubauen. Thymianbüsche oder Lavendelsträucher, Weinreben oder ein Apfelbaum, das ist erlaubt. In Sichtweite der Stadt genießen sie die Miniaturidylle mit Miniaturteichen und rechtfertigen ihren Besitz damit, dass Frischluft gut für den Geist ist und den Sternenhimmel kann man auch sehen. Die Miniaturvillen sind komfortabel eingerichtet – mit Kamin und Terrasse. Dank der Sonnenkollektoren kann man mit dem Laptop spielen, seine Lieblingsmusik hören. Hier, so sagen die Besitzer, leben die letzten echten Amsterdamer.

Das bestreiten jene Amsterdamer, die auf dem Wasser wohnen. Der Wunsch, im Hausboot zu wohnen, ist noch keine hundert Jahre alt. Als die Wohnungsnot groß, die Binnenschifffahrt unrentabel geworden war und die Schiffer ihre Boote preiswert verscherbelten, kamen findige Leute auf die Idee, diese Boote ständig zu bewohnen. Anfangs wurden die schwimmenden Unterkünfte von Künstlern, Studenten oder Alternativen bewohnt. Als besonders gut zum Wohnen eignen sich *tjalks*, traditionelle Schiffe mit einem flachen Kiel. Zuerst lagen die meisten Boote illegal an den Uferstraßen, hatten weder Strom- noch Wasseranschluss. Mit großem Unbehagen wurde dies beobachtet – aber wie üblich – vom Rathaus geduldet. Zu Anfang wurden die Hausbootbewohner gedrängt, an Land zu gehen. Aber alle lockenden Versuche erwiesen sich als Fehlschlag. Auch Mitglieder der Königsfamilie waren in Amsterdam Wohnbootbesitzer. Ob sie nun antik, gutbürgerlich oder modern eingerichtet sind, Hausboote stehen vor allem für den ausgeprägten Eigensinn ihrer Bewohner. Hausboote gehören zum vertrauten Bild, sind ans Strom- und Wassernetz angeschlossen, haben ihren eigenen Briefkasten sowie eine Steuernummer.

Virtuose *fietser*

Die radelnde Meisterklasse

Die größte Attraktion von Amsterdam ist ständig in Bewegung: Das *fiets*. Die Amsterdamer sind mit dem *fiets* groß geworden, sie beherrschen das Radeln mit einer unglaublichen Virtuosität. Es ist das praktischste, preiswerteste, umweltfreundlichste sowie schnellste Verkehrsmittel – und außerdem ist Radeln gesund. Andere rennen ins Fitness-Studio, die Amsterdamer radeln.

Nichts wird häufiger fotografiert als all die radelnden Mädchen mit wehendem Blondschopf, die Komiker, die Musiker mit dem Violinkasten, die Mütter mit ihren zwei Kindern auf dem Rücksitz, ältere Damen mit Hund und die bunten Räder, die an Brücken und Laternen in den verschiedenen Stadien des Verfalls stehen.

Die Vielfalt an Rädern ist erstaunlich. Da beleben das Straßenbild die *ligfiets*, Räder, auf denen man liegt, die *tallbikes*, zwei Meter hohe Hochräder, die sicherer als alle anderen Zweiräder sein sollen, und die so genannten *bakfietse*, Kastenräder. Diese Dreiräder, oft mit Hilfsmotor, sind trendy und vor allem praktisch. Nicht nur die Post, Buchhändler oder andere Lieferanten benutzen die zwischen 1000 und 3500

Euro teuren Lastenträger, sondern man kann auch seinen Umzug damit bewältigen. Am populärsten sind sie bei Eltern, die ihren Nachwuchs zur Schule oder zum Kindergarten radeln. Es gibt Kästen, in denen bis zu neun Kinder transportiert werden können

Das erste Fahrrad, das ich mir kaufte, war ein typisches *Oma-Fiets*, wie die schweren schwarzen Hollandräder genannt werden. Ein tolles Gefühl. Mit diesem Rad, ein Verkehrsmittel von hohem Wirkungsgrad, fühlte ich mich zugehörig, als Flaneur, der im Gegensatz zu den motorisierten Konkurrenten schnell und lautlos in alle Ecken der Stadt kommt. Schnell sollte ich die ersten zwei Lektionen lernen: Nicht klingeln, wenn möglich, nicht überholen. Als ich dies tat, wurde ich höflich belehrt.

Die Freude mit dem Omarad dauerte nur 28 Tage. Als ich von der Post zurückkam, stand es nicht mehr dort, wo ich es abgestellt hatte. Einfach geklaut. Die Wut legte sich, als mich Bekannte aufklärten, ich sei kein Einzelschicksal. Außerdem hätte ich ja selber Schuld. »Du musst das Rad mit zwei Schlössern sichern. Das schreckt Diebe ab.« Dennoch, ein neues *fiets* musste her. Im Café hatte ich den Tipp erhalten, auf der Brücke bei der Universität werden Räder verkauft. Gestohlene versteht sich. Als ich dort betont unauffällig entlangschlenderte, dauerte es nicht lange und ein Junge zischte: »*Fiets, Fiets?*« 50 Gulden wollte er damals dafür haben. Wir einigten uns auf die Hälfte, und ich hatte ein schönes neues Rad. Die zwei Schlösser kosteten das Doppelte. Anschließend musste ich mir Vorwürfe gefallen lassen. So etwas dürfe man nicht machen, damit würde man den Kreislauf nur in Bewegung halten. Ich nahm mir die Warnung zu Herzen, und als mir dieses Rad auch geklaut wurde, kaufte ich ein gebrauchtes beim Fahrradhändler. Später erfuhr ich, viele Händler würden auch geklaute Räder verkaufen.

Amsterdamer sind hervorragende Radler, ihnen macht das *fietsen* Spaß, es ist praktisch und vermittelt ein Gefühl individueller Freiheit. Es ist zudem ein hervorragendes Fortbewegungsmittel, solange es nicht bergauf geht, aber Hügel gibt es hier ja nicht.

Das Rad gehört zu den elementarsten Dingen und hat einen stark nivellierenden Effekt. Auf dem Sattel gibt es keine Klassen und soziale Unterschiede. Der Rechtsanwalt, die Oma, der Arbeiter, die Wissenschaftlerin oder der Student, sie alle bewegen sich radelnd. Radelnde Neu-Amsterdamer wie Marokkaner oder Türken sieht man hingegen kaum – *fietsen* ist unter ihrer Würde. Weil aber Radfahren die Integration fördert, gibt die Stadt immer wieder Geld für Fahrradstunden aus. All diese Projekte sind bisher kläglich gescheitert. Vielleicht sollte man Neubürgern Fahrrädern zur Verfügung stellen, die grell bunt sind, mit farbigen Lichtern und möglichst vielen Klingeln.

Das *Fiets* verkörpert den allgemeinen Lebensstil, den der Bürgerlichkeit, und beantwortet die Forderungen von sozialer Gleichheit. Soziologen haben nachgewiesen, dass der radelnde Bürger nicht zu Extremismus und Radikalismus neigt. *Fietser* und Amsterdamer gehören zusammen wie der Indianer und die Friedenspfeife oder Beatrix und ihr Hut. Radfahrer sind untereinander gleicher als Autofahrer.

In der überfüllten Innenstadt, in der Autos sich im Stopp-und-Kriech-Verkehr bewegen, weil die Stadt den Autoverkehr aus dem Zentrum verbannen will, ist der Radfahrer jedem Sportcoupé überlegen. Es gibt keine Parkuhren, aber für jeden freien Platz muss gezahlt werden. Die Parkpolizei ist eifrig mit dem Anschrauben einer gelben *wielklem*, der Radklemme. Ein zeitraubender und teurer Spaß. Mit ihren hohen Parkgebühren und der Begrenzung an Parkfläche soll der Stadtverkehr eingegrenzt werden. Aber das System ist auch betrugsanfällig. Mitarbeiter vom *Dienst Stadstoezicht*, jenem Amt, das für diesen Bereich zuständig ist, werden schon Mal dabei ertappt, wenn sie sich mit Nachschlüsseln von Parkautomaten oder mit dem Verkauf von Dauerparkscheinen ihren

Verdienst aufbessern oder aber bei der Vergabe von Parkgenehmigungen schummeln. Ein Bekannter war nach drei Jahren auf Platz 1257 vorgerückt. Als er dann ein halbes Jahr später wieder nachfragte, hieß es, er habe Platz 2112!

Überall kommen einem von links und rechts Radfahrer entgegen. In vielen Einbahnstraßen, von denen es mehr als Grachten gibt, dürfen Radfahrer auch gegen den Strom radeln. Nach einem Verkehrspolizisten wird man vergeblich Ausschau halten, Verkehrsregeln werden pragmatisch interpretiert, Radfahrer und Fußgänger bleiben nicht nutzlos bei Ampelrot stehen, wenn ihnen nichts in die Quere kommt. Und bei Regen radelt man blind wie ein Maulwurf. Aber wie ein Maulwurf, der weiß, wohin er will. Zu Staus kommt es, wenn die Post ein Paket abliefert oder ein Lieferwagen entladen wird. Die meisten Automobilisten ertragen das mit stoischer Geduld, wir Radfahrer kommen mit Durchschlängeln weiter. Die Kakophonie mediterraner Städte ist uns unbekannt.

Für Touristen sind wir Desperados. Da sind die Amsterdamer anderer Meinung. Sie sehen sich als Rebellen gegen den Konformismus und berüchtigte Moralisten. Streitsüchtige Nachbarn finden sie schon schlimm, aber ihr Ärger über radelnde Touristen, vor allem radelnde Ausländergruppen, ist noch viel größer. Sie sind ihnen ein Gräuel. Amsterdam ist kein Vergnügungspark, in dem man lustig klingelnd radelnd die Stadt erkunden kann. Übrigens – unter Amsterdamern ist Klingeln verpönt.

Radelnde Touristen, viele von ihnen voll gestopft mit Kohlehydraten, stellen nicht nur ein Verkehrshindernis dar, sie bringen sich auch selber in Gefahr, indem sie die Tücken des Großstadtverkehrs unterschätzen. Die meisten Unfälle passieren in der Rozengracht, der Vijzel- und Marnixstraat. Wie oft habe ich gesehen, wie sie in Straßenbahnschienen rutschen und umkippen. Nicht immer läuft so etwas glimpflich ab. Nicht selten habe ich Italienerinnen oder Amerikanerinnen erlebt, die total genervt ihr Leihrad zum Vermieter zurückgeschoben haben. Schade um den Ferientag.

Aber solche Draufgänger wie die hochgerüsteten Radler mit bunten Helmen wie in München oder Köln sind Amsterdamer Radfahrer nicht. Auch habe ich beim Amsterdamer noch keine Helme auf dem Kopf gesehen. Die werden als einengend abgelehnt. Wollen Sie störungs- und unfallfrei radeln, sind die frühen Morgenstunden angenehm. Ein Sonntag ist geradezu ideal.

Die Radelei offenbart einen wesentlichen Charakterzug: Ein Amsterdamer will nicht für zuvorkommend oder für nett gehalten werden. Für ihn zählt, dass er glaubt, Recht zu haben. Untereinander sind radelnde Amsterdamer solidarisch. Besucht man Freunde, so fragen sie, wo steht das Rad. Handelt es sich um ein besonderes, teueres oder neues Modell, wird man gebeten, es mit ins Haus zu nehmen.

Irgendwann passiert es jedem hier: »Mein *fiets* ist gestohlen.« Nichts Ungewöhnliches in einer Stadt, in der jährlich zwischen 85000 und 150000 Fahrräder geklaut werden. Ärger, Wut sowie eine grenzenlose Ohnmacht machen sich breit, denn Radklau steht an der Spitze der Vermögensdelikte und die Aufklärungsquote tendiert gegen null. Ein Profi, das zeigen alle Untersuchungen, benötigt für ein Schloss, und sei es auch noch so widerstandsfähig, nicht länger als sechs Minuten.

Die Eigentumsfrage wäre längst gelöst, wenn in den siebziger Jahren die Idee der Amsterdamer Provos, öffentliche »weiße Räder« für jedermann zur Verfügung zu stellen, in die Tat umgesetzt worden wäre. Fahrradhändler, aber auch all jene, die für zwanzig Euro ein geklautes Rad auf der Straße kaufen, halten den Kreislauf lebendig. Als ein Profi gefasst wurde, der täglich mindestens zehn Räder am Hauptbahnhof gestohlen hatte, begründete er sein Vergehen damit, er gehe seiner Arbeit nach. Aber auch die Stadt ist Komplize. Monatlich sollen beim Bahnhof etwa 1700 Fahrräder, die angeblich falsch geparkt sind, von den Helfern der Stadt entfernt werden. Meldet sich kein Eigentümer, werden sie versteigert.

Der Bürger ist längst mutlos und akzeptiert die Diebstähle je nach Temperament mehr oder weniger stoisch. Alle Werbespots, Aktionen und Werbekampagnen gegen die Volksseuche haben wenig Erfolg gehabt. Mit einem neuen Wundermittel hofft die Polizei dem Unwesen Einhalt zu bieten: Das *Lockfiets*. Im Stadtgebiet werden präparierte Fahrräder mit einem Sender aufgestellt. Den Hintermännern versucht man so auf die Spur kommen, die Räder in großem Stil klauen lassen, um sie in Paris, Münster oder Berlin als »Original Hollandräder« zu verkaufen. Nicht nur in New York, auch hier ist der Bußgeldkatalog aufgebläht, und die Polizei ist angehalten, das gesamte kreative Potenzial auszuschöpfen. In den Straßenkämpfen versucht die Polizei die Radler mit einer konzertierten Strafzettelkampagne zu disziplinieren. Doch die *fietser* haben schnell gelernt und weichen Kontrollen aus. Verfolgungsjagden? Das würde den Verkehr noch gefährlicher machen.

Goldene Anzüge

Vom Wesen der Amsterdamer

Ich habe so manches Außeralltägliches in Amsterdam. Aber dieses Eröffnungsritual im Café am Rembrandtplein war doch wieder neu. Zuerst die Metalldetektoren, dann die Gesichtskontrolle durch die Türhüter, die Mächtigen der Finsternis. Da standen sie also, die Herren Redakteure von »Quote« im maßgeschneiderten goldenen Anzug. Das also sind die Gastgeber einer Erlebnisgesellschaft, die zum Redaktionsfest geladen hatte. Gemeinsam schlürfen wir den gesponserten Champagner auf das Wohl der Amsterdamer Spaßkultur.

Nun ist es ja nicht so, dass alle Gastgeber in der Hauptstadt goldene Anzüge tragen, aber der Trend zum Ungewöhnlichen, zum Auffallen und zum Zeigen, dass man dazugehört, ist da. Ich hatte also das Vergnügen, diesem Soziotop für einige Stunden anzugehören. Es ist eng, laut und schummerig in dem mit bunten Blumenbuketts geschmückten Café, in dem die Gäste zu einem swingenden Ganzen verschmelzen. Natürlich sind wir nur aus Liebe zum Schönen, Wahren und Guten da. Und bitte, keine Angst vor dem Smalltalk.

Meist begnügen wir uns mit lapidaren Halbsätzen. Mein »leider-kein-Millionär-Zuproster«: »Hier sehe ich die geballte

Ladung der TV-Publikumslieblinge.« Die meisten Worte, die während eines solchen Festes gebraucht werden, sind *leuk* (komisch, hübsch), *lekker* (lecker, herrlich), *gezellig* (gesellig, behaglich) – oft mit dem Wort *hartstikke* (sehr, total) kombiniert. Irgendwie bin ich zum Austernstand geschoben worden. Rechts und links schlürfen wohlduftende Mädels den Happen Meerwasser, als hätten sie nie etwas anderes geschluckt. Eine Kellnerin kommt mit einem Tablett mit Kaviar-Löffelchen. Champagner und Kognak werden reichlich genossen. Kostet ja nichts. Wer nicht geladen ist, nennt so eine Versammlung *klootjesvolk*, ein von den Provos entdeckter Schimpfname für langweilige Bürgermenschen.

Messestadt Amsterdam. Da gibt es die Hausfrauen-, die Computermesse und eine Millionärsmesse, organisiert vom Glamour-Magazin ›Millionär‹. Reichtum fasziniert wieder. Beim letzten Galaabend waren 4500 Gäste gekommen. Millionäre, die nicht geladen waren, sollen Zeitungsberichten zufolge ihren Einkommenssteuer-Bescheid mitgebracht haben, um Einlass zu erzwingen. Während des Stelldicheins der Gutbetuchten preisen Schönheitschirurgen, Uhrenfabrikanten und Antikhändler ihre Dienste an, werden die letzten Modelle aus der BMW-Sechser-Reihe, ein Maybach 5 oder der Maserati quatro porte bestellt.

»Amsterdam wird eine verrückte, volle, überdrehte Stadt. Der Deckmantel einer breit getragenen Toleranz war im Grunde die direkte Folge eines tiefen kulturellen und ideologischen Vakuums, in der Anarchie und Chaos herrschten«, stellte Leon de Winter in einem Essay fest. Der international bekannte Schriftsteller schreibt: »Gangster, Taschendiebe und Drogenhändler bekamen freies Spiel, weil die Politik in einer Krise über die zu befolgenden Regeln steckte ... Alles muss möglich sein, ist der Slogan der neuen Zeit.«

Einen echten Eingeborenen wird man auf diesen Veranstaltungen kaum treffen. Was aber ist ein Amsterdamer, woran erkennt man ihn? Formal ist ein Amsterdamer, wer in der

Hauptstadt wohnt. Wie viele Einwohner sich noch wirklich Amsterdamer nennen dürfen, ist eher eine Frage der Haltung, denn der Begriff ist Synonym für eine bestimmte kulturelle und politische Kultur geworden. Es gehört eine Portion Chauvinismus dazu, wie sie vielen Hauptstädtern eigen ist, aber vor allem eine Art von Noblesse, die aus bürgerlich-republikanischem Stolz herrührt.

Der Charakter der Bewohner stellt sich in etwa so dar: Sie sind stolz auf ihre Geschichte, auf die koloniale Größe, die große Zeit der Seefahrer und darauf, in einer Weltmarke zu leben, die jeder kennt. Amsterdamer werden von Nicht-Amsterdamern als frech, laut, flegelhaft, unordentlich, gerissen, oberflächlich, dreist, überheblich, elend arrogant, vor allem aber als unhöflich beschrieben. Ihre Hochnäsigkeit gegenüber der Provinz lässt sich auch an den Zeitungskiosken ablesen. Es gibt keine regionalen Zeitungen zu kaufen. Auch nicht im Hauptbahnhof. Da muss man sich schon in die öffentlichen Bibliotheken bemühen. Auch auf seine Nachbarn, Belgier und Deutsche, blickt ein Amsterdamer herab. Städte wie London, New York, Paris, obwohl er Pariser auch nicht mag, sind seine Favoriten. In der Seinestadt macht er die Erfahrung, dass die dortigen Hauptstädter ihn ähnlich arrogant behandeln wie er selbst die Fremden in seiner Stadt.

Reiseführer sind wertlos, wenn man Stadt und Bewohner kennen lernen will. Jede Treppe, jedes Haus, jede Gasse hat ihre Geschichte. Das Gesamtbild, dem jegliche Monumentalität fehlt, macht den Charakter aus. Um den zu ergründen, ist Zeit notwendig, manchmal viel Zeit. Da kann man jahrelang neben jemandem wohnen, ohne ihn als Amsterdamer zu erkennen, und dann sieht man jemanden in der Bäckerei oder auf der Brücke und weiß sofort: Das ist ein echter Amsterdamer.

Von der Provinz aus betrachtet ist ihre Hauptstadt »Das große Dorf« und ein Amsterdamer ein *slampamper*, ein Nichtsnutz, der andere für sich arbeiten lässt, während er lieber beim

Bier auf der Terrasse sitzt und theoretisiert. Amsterdamer schütteln diese Vorurteile als *kinnesinne* ab, als Neid der Provinzialen. Sich selber sieht ein Amsterdamer als gesprächsfreudig, offenherzig, geschäftstüchtig, hilfsbereit und geradlinig – eben als Mensch, der das Herz in der Hand trägt. Das alles klingt klischeehaft, aber im Klischee steckt eben auch ein Körnchen Wahrheit.

Bei vielen Bewohnern können Sie am Namen erkennen, aus welcher Himmelsrichtung ihre Vorfahren kamen, welcher Religion oder welchem Beruf sie angehört haben. Noch heute haben viele Amsterdamer Namen, die jüdischen, flämischen oder deutschen Ursprungs sind. Manche Namen klingen ungewöhnlich, verrückt oder nur merkwürdig und beweisen, die Stadt war immer Einwanderungsziel. Ihre Nachkommen heißen Kuchlein, Tau, Plancius, Tee, Mooy, Belle, Lobatto, Ying, Suijkerbuik (Zuckerbauch), Zoethout (Süßholz) oder Schalk. Wer van Crevelds, van Lenneps, Dresden, Berlijn, Bremer, Grunberg oder van Dantzig heißt, hat deutsche Wurzeln – ebenso wie die Kaufhaus-Dynastien Brenninkmeyer, Cloppenburg oder Dressmann. Namen wie Cohen, Polak, Goudsmit, Asscher, Teixeira, Pereira oder Uienkruiers erinnern an jüdische Herkunft.

Bei Namen, die »van« (von) oder ähnliche Partikel enthalten, handelt es sich nicht, wie oft unterstellt wird, um einen Adelstitel. Sonst wären all die Träger von Allerweltsnamen wie van Dam, de Jong oder van de Slager Edelleute. Wer möchte aber nicht Berge van Henegouwen, Linthorst Homan, van de Wall Bake oder van Welderen Rengers Warmenhuizen heißen? Wunderschöne Doppelnamen, die zeigen, hierbei handelt es sich um alte Familien, die aber nicht unbedingt adeligen Ursprungs sind.

Für Verwirrung sorgt der Titel *Doctorandus*, drs. abgekürzt. Übersetzt lautet er, »der noch Doktor werden muss«. Anders gesagt: Ein drs. ist ein Mensch, der mit etwas herumläuft, das er noch nicht hat, sondern erst noch machen muss. Jeder, der sein Studium abgeschlossen hat, das *doctoraal examen*, darf sich drs. (mit oder ohne Punkt am Ende) nennen. Der einzige echte wissenschaftliche Titel ist der Doktorgrad. Erst die Promotion beweist, was jemand wissenschaftlich wert ist. Auf den Dr.- und den drs.-Titel wird Wert gelegt: *de Weledelgeleerde Heer drs. N. N.* Da drs. weder als Zugangsticket zum Arbeitsmarkt Vorteile bietet noch wissenschaftlich von Wert ist, soll drs. abgeschafft und dafür Titel wie Master oder Bachelor eingeführt werden.

»Oh, Sie haben studiert. Sie sind ja ein Intellektueller.« Offenbar ist gerade unter den egalitären Amsterdamern das Bedürfnis groß, sich von anderen Gleichen durch drs. abzuheben. Doktoranden gibt es im Land mehr als Kühe. Aber Deutsche oder Österreicher werden wegen ihrer angeblichen Titelgläubigkeit für lächerlich gehalten... Ein drs.-Titel schmückt ungemein, vor allem auf Visitenkarten oder Konferenzbadges. Drs. steht aber auch vor den Namen in den Impressen der Zeitungen, im Telefonbuch, schmückt Briefköpfe und Türschilder. Ein mr. ist nicht etwa ein Mister, sondern ein Magister jure.

Nichts Schöneres für Ausländer, sich an diesem Verwirrspiel zu beteiligen. Ich kenne einen Deutschen, der an seinem süddeutschen Wohnort mit Doktor angesprochen wird, weil er sich drs. nennt. Deutsche denken, drs. stehe für den erworbenen Doktortitel – das »s« sei lediglich ein Druckfehler. In angelsächsischen Ländern glaubt man, drs. bedeute Doktortitel in der Doppelpackung. Dazu gibt es eine Anekdote aus dem Königshaus. Als Königin Beatrix und Prinz Claus zum Staatsbesuch in der alten Bundesrepublik waren, hatten sie den Wunsch geäußert, an einer Redaktionskonferenz der »Süddeutschen Zeitung« teilzunehmen – eine Tageszeitung, die sie regelmäßig lasen. Noch nie war eine Konferenz in der Sendlinger Straße in München so gut besucht wie an diesem Vormittag. Ein Streiflicht wurde dem Paar gewidmet und Beatrix wurde unter anderem als eine intelligente und akademisch gebildete Frau charakterisiert, die den Doktortitel trage. In der Konferenz stellte Ihre Majestät klar, sie habe keinen Doktortitel, es handele sich nur um einen normalen drs.

Die Türen stehen zwar nicht offen, dafür aber sind die Vorhänge weit zurückgezogen. Geradezu eine Einladung, bei Fremden ungeniert ins Zimmer zu gucken. Gut erzogene Amsterdamer, auch die gibt es, schauen nur flüchtig oder überhaupt nicht in andermans Wohnungen – Auswärtige sind da frecher. Dass hier die Vorhänge weit zurückgezogen sind, wird von Besuchern als eine Form von Offenheit gesehen, und diese Erkenntnis ist nicht neu. Reisende vor ihnen waren ebenso über die offenen Fenster überrascht und ausländische Studenten, die in Amsterdam leben, geben davon Kenntnis auf der Website der Universität. Offene Gardinen machen die Straßen geselliger und bereiten Spaziergängern Freude.

Oft werden Sie noch eine weitere Eigenart entdecken: Einen Spiegel, »Spione«, am Fenster. Mit dieser Einrichtung haben die Eingeborenen die Möglichkeit, die Straße zu überblicken, Nachbarn oder Passanten zu beobachten. Wer die Gardinen offen hat, deutet an, dass er nichts zu verbergen habe, und signalisiert seiner Nachbarschaft, dass er so normal ist wie sie. Diese Volkskultur wird jedoch nicht mehr so gepflegt, denn immer mehr Vitragen bleiben dicht. Das bedeutet, dass man sich unsicherer fühlt, Angst davor hat, Einbrecher könnten die Wohnungen nach Kostbarkeiten ausspähen. Immigranten, aber auch viele junge Leute halten sich zudem nicht mehr an den Fenstercode, weil sie keine Beziehungen mehr zur Nachbarschaft haben.

Stoffe waren teuer und symbolisierten Reichtum und Macht. Arme Menschen konnten sich keine Gardinen leisten. Den Reichtum einer Familie konnte man auch an der Zahl der Stühle und der Farbe der Gardinen ablesen: Weißer und roter Damast signalisierten: Diese Familie rechnet sich zur Elite. Als typisches Beispiel für die Gardinenkultur gilt der Jordaan: Die schweren und großen Vorhänge signalisieren der

Außenwelt »Mir und meiner Familie geht es gut«. Das Statussymbol der offenen Gardinen sollte Vorbeigänger ermuntern, ins Zimmer zu gucken, damit sie sich vom Wohlstand der Bewohner überzeugen konnten, aber auch davon, dass man nichts zu verbergen hatte, alles aufgeräumt und sauber war.

Marktuntersuchungen zeigen, Reinemachen ist für den Amsterdamer nicht mehr die ideale Freizeitbetätigung, aber eine Wohnung muss sauber sein und vor allem gut riechen. Nicht nach Erdbeeren oder Vanille, sondern nach Zitrusfrüchten. Zitronenduft steht ganz oben in der Hitliste. Apfelsine ist auch überaus beliebt.

Sozialkosmos

Wat is het toch gezellig

Der »the place to be« – ein Thema, das nicht nur jene Jungen und Mädels aus der Provinz interessiert, die sich an den beiden Universitäten, Instituten sowie an der Rietveld Kunstakademie frisch immatrikuliert haben. Die Liste an Kneipen und Diskotheken, Schwulen- und Lesbencafés, Grand-Cafés oder Kwakoe-Etablissements ist bunt und lang. Hier kann ein Fremder sein Leben mühelos in Kneipen verbringen und mitbekommen, wie Amsterdamer Lebensart und Kultur aus dem Gespräch, dem Kompromiss und der Geselligkeit entsteht. Was woanders kaputtgemacht wurde, hier existiert es noch. Das intakte Zentrum der alten Stadt ist der letzte Platz, wo Leben auch Leben in Cafés und Lokalen ist.

Bevor Sie in diesen Sozialkosmos eintauchen, noch dies: Ein Café ist keine Konditorei. Mit Entsetzen erinnere ich mich noch an Bekannte, die plötzlich Appetit auf Sahnetörtchen hatten. Während ich mit der Gruppe in einem traditionsreichen Lokal belgisches Klosterbier trank, tauchte jene Frau mit Sahnekuchen auf und aß ihn zum Bier. Mit großem Genuss, versteht sich. Die Wut des Kellners kann man sich vorstellen. Es war peinlich – natürlich »typisch Deutsch«, murmelte es im Raum – und es gehörte viel Überredungskunst dazu, dass wir nicht aus dem Lokal geworfen wurden. In einer Düsseldorfer Altbierkneipe werden ja auch keine Törtchen gegessen.

Der Amsterdamer trinkt gerne *koffie verkeerd*, einen Milchkaffee, Cappuccino oder dergleichen. Dazu wird ein Keks oder Spekulatius serviert. Schilder, wie *koffie is klaar* bedeuten, dass der Kaffee bereits Stunden auf Sie wartet. In den Grand Cafés oder den Espresso-Bars gibt's duftend frischen Kaffee. Trinkt man Kaffee in Gesellschaft, ist es nicht falsch, nach dem ersten Schluck zufrieden auszurufen *lekkere koffie, hoor.* Ein Coffeeshop ist ein Drogencafé, in dem Cannabisprodukte wie Haschisch und Marihuana verkauft werden. Aber Sie können hier auch Tee oder Kaffee bestellen, umweht vom süßen Duft des Verbotenen. Wollen Sie von den farbenfrohen Kuchen naschen? Vorsicht, alles ist mit geisterweiternden Stoffen zubereitet. Manch einem bekommt das nicht gut.

Ein *bruin café* ist eine Kneipe, die *bruin* (braun) wegen der oft angedunkelten Wände genannt wird, und gilt ebenso wie ein *proeflokaal*, eine Probierstube, in der der Gast bedächtig am Genever nippt oder sein Bier trinkt, als amsterdamtypisch. Wenn Sie gefragt werden, kleines oder großes Bier, immer ein kleines Bier, ein *pintje* oder *fluitje*, bestellen. Die Unsitte der großen Bierkrüge ist neu und wurde eingeführt, um Briten, Iren und Schotten einen Gefallen zu tun. Kneipen mit großen Gläsern sollten Sie als touristische Etablissements meiden. Außerdem schmeckt unser Edelstoffbier in *pintjes* besser. Gezahlt wird in der Regel vor dem Verlassen des Lokals. Beträge runden Sie nach oben großzügig auf, und wenn Sie in einer Gruppe sind, bezahlt man gemeinsam. Anschließend können Sie ja die Summe auseinander dividieren. Ein Tipp: Nutzen Sie die Toiletten in den Cafés. Öffentliche WCs gibt's fast keine, abgesehen von einigen Pissoirs für Männer. Eine Unsitte ist das Pinkeln in der Öffentlichkeit. Im Innenhof beim Casino prangt die Inschrift: *Homo sapiens non urinat in ventum* – Der kluge Mann pinkelt nicht in den Wind.

Sie besuchen eines dieser Reservate, das ihnen zusagt. Dann gibt es zwei Möglichkeiten. Die Frau oder der Mann hinter der Theke ist mit einem der Stammgäste – eine gewisse Anzahl von Stammgästen ist wichtig für eine Kneipe – ins Gespräch vertieft. Nur ein Blick und sie wissen, ein Fremder. Nach einer Weile hören Sie: *U mag het zeggen*. Sagen Sie mal, was Sie haben wollen. Dann der Idealzustand. Der Wirt begrüßt jedermann jovial, als wäre jeder Besucher ein alter Bekannter. Und je länger einer aushält, desto besser die Stimmung. In der Regel geht es dabei um ein *proeflokaal* oder um ein *bruin café*, und dort ist man fremde Gesichter gewohnt. Ein *bruin café* ist eine Mischung aus einem britischen Pub mit dem Flair einer Kölschkneipe. Sie sind einfach möbliert, die Holzböden knarren, die Wände sind meist Senffarben. Die Jukebox in der Ecke – gibt's nicht.

Wirklich berühmt-berüchtigte Szeneclubs wie »Roxy«, »Mazzo« gibt es nicht mehr oder sind wie »Dino's«, »iT« oder »Escape«, die für Drogen und Dekadenz standen, harmlos. »Fliegende Brigaden« der Polizei observieren und kontrollieren und kein Eigentümer will, dass sein Etablissement dichtgenagelt wird. Indes droht eine neue Vorschrift: Rauchverbot. Wie in New York oder Irland soll auch hier Rauchen in allen Lokalen verboten werden.

Wenn nicht am Ende des Arbeitstages, dann wenigstens am Freitag – zum Ausklang der Woche zur *borreluur* – zwischen fünf und sechs Uhr, trifft man sich. Während der Schnapsstunde, Schmieröl für zwischenmenschliche Beziehungen, die man nicht allein, sondern mit Kollegen, Freunden, Bekannten verbringt, entladen sich die Spannungen eines Arbeitstages.

Modisches Aussehen interessiert kaum, ob sportliches Styling oder extravagante Brille, egal. Es spielt keine Rolle, ob einer in Jeansblau oder im Dunkelblau daherkommt. Gilt auch für Theater oder Konzert. Erklärt wird der Hang zur gepflegten Lässigkeit damit, man sei ja mit dem Rad unterwegs und das verlange nach einem praktischen Outfit. Aber es werden rasante Veränderungen signalisiert.

Hier sitzt jener Theaterstudent, der sich von seiner Stunde Atemübung erholen will; die enttäuschte Vedette, die von ihren vergangenen Erfolgen träumt; der aus der Mode gekommene Künstler, der nichts mehr verkauft; der junge Mann, der einfach verliebt sein will; das Mädchen, auf der Suche nach einem Prinzen. Auch Kinder fühlen sich in dieser Umgebung wohl, und der Langmut der Gäste ihnen gegenüber ist erstaunlich.

Als Fremder habe ich die Erfahrung gemacht, dass Amsterdamer zunächst auf Distanz gehen. Als Fremder setzt man sich nicht neben sie oder an ihren Tisch. *Een praatje wil maken*, miteinander reden, das gibt's vielleicht nach einer Gewöhnungsphase. Vor allem will ein Amsterdamer wissen, was ein Ausländer von seiner Stadt denkt. Eine Charaktereigenschaft, die ich bei Cees Nooteboom wiederfinde. In seinen ›Berliner Notizen‹ überträgt er sie auf Berliner: »Es ist, als ob sie ängstlich vor sich selber sind, das durch einen Ausländer bestätigt sehen wollen, und dann aber auch wieder nicht.«

Einmal aufgetaut, wollen Amsterdamer viel von Fremden wissen. Woher Sie kommen, was Sie hier wollen, wo Sie übernachten, was Sie tun. Über ihn selbst erfahren Sie beinahe nichts, er zeigt auch wenig Emotionen. Radikale Äußerungen werden vermieden, könnte ja die Geselligkeit stören – und das will niemand. »Politik und Alkohol, das verträgt sich nicht«, hat mir mal jemand verraten. Was steht denn auf der Themenliste? »Frauen und Geld, alles Dinge, von denen die meisten doch nichts verstehen«, antwortet er fröhlich, »dann reden alle gleichzeitig, und jeder hat Recht.« Seelenschürfereien, Fragen nach Karriere oder dem Verdienst sind tabu. Man könnte ja ins Fettnäpfchen treten. Das will niemand. Schließlich trifft man sich, weil man es gesellig haben will.

Sonst könnte man ja auch Fernsehen gucken. Menschliche Nähe sowie die Lust auf Smalltalk machen ein Lokal zu jeder Stunde zu einem Ort des Miteinanders in Amsterdam. So soll es sein.

Amsterdam gilt als Stadt der Toleranz. Sagt und denkt man. Dennoch entsteht immer wieder eine gewisse Irritation, wenn die Menschen hören, Sie kommen aus Deutschland oder Österreich. »Oh? Verstehe«, hören Sie dann und so etwas wie Misstrauen, Abgrenzung ist aus den Stimmen herauszuhören. Oft drehen sie sich um und beachten Sie nicht weiter. Wird jedoch die braune Vergangenheit zum Thema gemacht, kann es kribbelig werden. Einseitiger Geschichtsunterricht oder trottelige Deutsche in Vorabendserien sind nicht ohne Wirkung geblieben. Verständigung, und das in einer fremden Sprache, ist mühsam. Oft habe ich es erlebt, dass die jungen Deutschen, die Neugier und Offenheit nach Amsterdam geführt haben und die ihre Sprachen beherrschen, die meist dumpfen Angriffe und Vorurteile gelassen und kundig parieren. Sie haben profunde Kenntnisse, sind interessiert, nicht nationalistisch und mussten sich, im Gegensatz zu Amsterdamern, mit der Vergangenheit auseinander setzen. Amsterdamer hingegen plagen keine Selbstzweifel, und ihr penetrant gutes Gewissen kann durchaus nerven. Im Allgemeinen wissen sie wenig von ihrer eigenen Geschichte, etwa von Sklaverei und Kolonialismus.

Kommen Sie aus Berlin, haben Sie gewonnen: Berlin ist beliebt, ist Trend, ist hip. Der Rest von Deutschland ist bis auf einige Feriengebiete und den Rutsch über Autobahnen relativ unbekannt. Aber Sie sind Hauptstädter wie der Eingeborene. *Gezondheid.* Der Hauptstadttaumel beflügelt die Phantasie. Woanders lebt es sich ja immer besser. Alles, was Amsterdam einst so berühmt gemacht hat, gibt's jetzt in der Spreestadt: Große Wohnungen, Ateliers, Galerien, Musikclubs und eine Szene, die international, enthusiastisch, kreativ und inspirierend ist, außerdem sei das Leben dort preiswerter. Schwärmen

Sie hingegen von Amsterdam, aber nicht übertreiben. Zu viel der freundlichen Worte machen nur verdächtig.

Freunde treffen sich mit Vorliebe im Café, pflegen die Momente des Genießens, und jeder hat die moralische Pflicht, zu der *Gezelligheid* beizutragen. Wenn ein Amsterdamer sagt, *»wat is het toch gezellig«,* dürfen Sie das nicht mit trauter Gemütlichkeit verwechseln. Geselligkeit ist dem Keltischen *craig* vergleichbar, impliziert so viel wie behaglich-häuslich und hat mit schulterklopfender Kumpelhaftigkeit nichts zu tun. Es gibt Cafés, die machen erst spät das Licht an, damit es im Zwielicht lange gesellig bleibt. Auch Zeitunglesen fällt in die Kategorie Geselligkeit und auf Lesetischen liegt die Presse aus.

Niemand nimmt es einem übel, wenn man nur da sitzt und herumblättert. Die wichtigsten Zeitungen sind: ›De Volkskrant‹ (sozialdemokratisch), ›NRC Handelsblad‹ (liberal), ›Trouw‹ (christlich-protestantisch), die Stadtzeitung ›Het Parool‹ sowie der ›Telegraaf‹, auflagenstarkes Hausblatt des royalistischen Bürgertums, das mit einer viel gelesenen Gesellschaftskolumne die Rolle der Boulevardzeitungen übernimmt, die es hier nicht gibt. Wer mehr über das Leben der Prominenz und des Königshauses erfahren will, liest die auflagenstarken wöchentlichen Magazine wie ›Story‹, ›Privé‹ oder die Frauenzeitschrift ›Libelle‹ – Fachblatt für alle Unternehmer, die wissen wollen, welche Probleme und Moden ihre Kundinnen aktuell beschäftigen. Zeitungen sind nationales Kulturgut und ein strengeres Redaktionsstatut als in Deutschland garantiert dafür, dass die politische Richtung und Unabhängigkeit bewahrt bleibt und liberal steht für konservativ.

Kernstück eines jeden Blattes sind die Kolumnisten. Sie werden mit Widersinn oder Freude von allen gelesen. Nirgendwo, so stellte Gerrit Komrij, prominenter ›Dichter des Vaterlands‹, fest, gebe es pro Quadratkilometer so viele Kolumnisten und Kabarettisten wie hier. »Wir diskutieren einfältig und grau über Albernheiten und ebenso einfältig und grau, wenn es um wichtige Dinge geht.«

Ob es sich um Straßenmusikanten, des Premiers neuen Friseur, unpünktliche Züge oder erstickende Bürokratie handelt – Kolumnisten beschäftigen sich mit Gott und Kultur, Politik und Sport, mit Normen und Werten, mit Nachbarschaftsstreit und Kinderkrippen. Sie behandeln Anstößiges und Unaussprechliches, loben die Bücher ihrer Freunde oder beschreiben den Spieltrieb der Katzen ihrer Kinder.

Manche behandeln auch Dinge, von denen sie keine Ahnung haben oder benutzen die Kolumnen als Turnierplatz, um mit ihren Feinden abzurechnen. Ein Kolumnist darf kreativ mit Tatsachen umgehen, Dinge auf den Kopf stellen und bissig sein. Aber darf er verleumden? Immer wieder wird diese Frage gestellt, wenn ein Kolumnist jemanden mit seiner Feder öffentlich an den Pranger stellt. So sorgte Youp van't Hek, gefeierter Kabarettier und Kolumnist, für Wirbel, weil er einen Chefredakteur als »Hurenläufer« beschimpft hatte. Hatte er damit nicht die Grenzen des Anstandes überschritten, als sich die Vorwürfe als unwahr herausgestellt hatten? Es gab keine Anzeige. Richter, so weiß man von ähnlichen Fällen, fühlen sich dafür nicht zuständig. Die Kolumnistin Heleen van Royen hatte über die Prostituierten-Besuche des Amsterdamer Ratsherren Rob Oudkerk geschrieben. Das hatte zu seinem Sturz geführt, aber nicht zum Prozess.

Ihnen wird aufgefallen sein, dass Gäste keinen Kaffee, ein *kop koffie* (Tasse Kaffee), sondern ein *kopje* (Tässchen), kein Pils, sondern ein *pilsje* bestellen. Das Plätzchen, das zum Kaffee serviert wird, ist ein *koekje*, die Katze, die um ihre Füße schnurrt, heißt nicht *poes*, sondern *poesje*. Ein Ausgehabend heißt ein *avondje uit*. Auch ist ein Hotel ein *hotelletje*, ein Café ein *cafetje*, das Dessert ein *toetje* und ein Joint ist ein *jointje*. Anders als bei Russen, Deutschen oder Franzosen, wo vieles augmentativ, also größer gemacht werden muss. Amsterdamer sind Meister im Verkleinern und das schließt auch Sex ein, wenn es heißt *een slippertje* oder ein *nummertje maken*.

Amsterdamer sind allgemein lange Menschen und Amsterdamerinnen können wahrhafte Amazonen sein. Mit dem steten Verkleinern machen sie sich kleiner, um ihre Umgebung als gesellig zu erleben.

Das Diminutivum wird nicht als Koseform benutzt. Es gibt kein Mäuschen, Häslein oder dergleichen mehr. Der Soziologe Herman Vuijsje erklärte diesen Euphemismus damit, das bescheidene und sympathische Image werde damit für Außenstehende gepflegt.

»Oh, wie ist es doch klein hier«, höre ich immer wieder von erstaunten Ausländern. Wie diminuiert Häuser, Fußgänger oder Radfahrer wirken, können Sie vom »Café-Restaurant 11«, elfte Etage an der Oosterdokskade sehen. Wenn der bordeauxrote Thalys nach Paris, der silberne ICE aus Frankfurt oder die Intercitys nach Maastricht am Hafen entlangfahren, wirkt dies wie eine Modelleisenbahn. Amsterdam, die perfekte Spielzeugstadt als Mysterium.

Wer Genever sagt, der meint auch die Probierstuben. Viel urbaner Mystizismus verbindet sich mit diesem Getränk, das den stets wechselnden Moden ebenso wenig unterworfen ist wie die *bruin cafés*. Einige hatten noch Rembrandt zu Gast, andere Reisende wie Albert Camus oder Immigranten wie Klaus Mann. Einst waren die *proeflokaale* nur für Großhändler bestimmt, die hier ihre Schnäpse *proefen*, probieren konnten. Berühmt sind »De drie Fleschjes«, »Wynand Fockink« oder »De Ooievaar«, der Storch. »Die Atmosphäre bei uns ist intimer als in einer normalen Kneipe«, legt mir Koos de Groot aus. Er ist mit Herz und Verstand *kastelein*, ein Schankwirt.

Seine Kunden, Börsenmakler, Geschäftsleute, Nachbarn und Touristen, fühlen sich bei ihm wie in einer Familie, schauen auf ein oder zwei Gläschen und ein Schwätzchen vorbei. Im »De Ooievaar« hat sich die Einrichtung seit zweihundert Jahren kaum verändert. Der hölzerne Flur knarrt wie im Spukhaus, im Holzregal das Genever- und Likör-Assortiment. *Best lekker* ist *Halfomhalf* – eine Mischung aus süßen Likören und Orangebitter.

»Weil es bei uns immer so gesellig ist, bekommen manche oft zu viel und fast nie genug«, sagt Koos. In den etablierten Probierstuben können Sie davon ausgehen, dass keine Getränke mit Farb- und Geschmackstoffen ausgeschenkt werden, die Ihnen einen Kater bringen. Geistige Getränke können zu guten, nicht allzu tief schürfenden Gesprächen führen und oft kommt es zum »Du«. Der leichtgewichtige Gebrauch des »Du« hat mit Höflichkeit zu tun und gilt nicht als Vertrauensbeweis wie im Deutschen. Es redet sich einfach besser, wenn man per »Du« ist.

Sie werden vielleicht auch vom Temperament überrascht sein, wenn jemand das Lokal betritt und mit Küssen begrüßt wird – erst links dann rechts, auf die Wange gehaucht. Als ich zum ersten Mal damit konfrontiert wurde, habe ich das Kuss-Ritual noch für eine ganz besondere Geste der Zuneigung gehalten und gedacht, mein Gott, was lieben sie sich doch, die Amsterdamer. Küsse, eigentlich ein Ausdruck von Intimität, sind hier grenzverlängernd gemeint. Körperkontakt, etwa Berührung der Backe, wird vermieden.

Dann schenkt der Wirt das Gläschen mit dem sieben Jahre alten *Korewijn* noch einmal voll. So muss es sein: Der Genever, jung oder alt, wird in bis zum Rand gefüllten tulpenförmigen Gläsern serviert. Um ihn zu trinken, muss ich mich vor dem Glas verbeugen und schlürfen – sozusagen aus Hochachtung vor dem Hochgeistigen. Irgendwann kommt ein Ende an das *kroeglopen*, die Kneipengänge. Spätestens dann, wenn das Lokal dichtmacht. Sagt ein Amsterdamer zum Abschied »wir sollten uns wiedersehen«, bedeutet das nicht viel. Sagt er, »komm doch auf ein Glas vorbei« bedeutet dies, nicht vor den Abendnachrichten. Dann ein *»hoi«, »dag«,* ein lang gezogenes »daaag« oder »tot ziens«. Tschüs.

»Gut, gut, alles gut!«

Keti Koti – zerbrochene Ketten

Ein braver, schnauzbärtiger Mann schaut recht nachdenklich drein. Etwas Verrücktes, Rauschhaftes geht von ihm aus, der über den weiten Platz bis hin zum Wasser blickt. Die bronzegewordene Harmlosigkeit, das ist der erste Eindruck, doch der täuscht. Er ist gnädig mit den Verliebten, die es sich auf seinem Denkmalsockel bequem gemacht haben, auf dem in großen Lettern »Multatuli« steht. Touristen lassen sich mit ihm fotografieren, ohne zu wissen, wer da seinen eindrucksvollen Kopf mit dem wehenden Haarschopf hinhält. Vielleicht fragen sie sich, was das für ein Kerl ist. Eine Antwort erhalten die Besucher von ihrem Guide nicht. Es ist Eduard Douwes Dekker, der sich Multatuli nannte und mit ›Max Havelaar‹ den wichtigsten Roman der niederländischen Literatur geschrieben hat. Darin wurde erstmals auf die Folgen des Kolonialismus im »Gürtel von Smaragd« aufmerksam gemacht – und er bediente alle Klischees gegenüber seinen Landsleuten: Geiz, Hochmut, Bigotterie und keinen Cent für die schönen Künste.

Dieser gebürtige Amsterdamer und rebellierende Kolonialbeamte erinnert an eine finstere Seite der Amsterdamer

Geschichte. Seine scheinbar verstaubte Story ist die alleraktuellste geworden. »Sire, die niederländischen Besitzungen in Niederländisch-Indië wurden und werden schändlich schlecht regiert, Ihre Staatsdiener sind daran schuld. Sire, die Folgen davon sollen wir bald zu spüren bekommen: Aufstand, blutige Kriege und den Untergang der niederländischen Souveränität hier.«

Dies schrieb er 1859 in ›Max Havelaar‹, in dem er die Missstände in der fernen Kolonie angeprangert und damit »Sturmwellen politischer Kontroversen« bei den »bürgerlichen Philistern« ausgelöst hatte. Daran muss ich denken, wenn ich Mittags an seinem Denkmal auf dieser breitesten Brücke der Stadt an der Singel vorbeikomme. Die Erinnerung an ihn ist aufregend und aktuell. Auch das städtische Erscheinungsbild, so bunt und kosmopolitisch es scheint, hat mit kolonialer Vergangenheit zu tun. Sind es doch jene Menschen aus den früheren Kolonien, denen die Stadt ihre besondere Atmosphäre verdankt, auf die wir alle hier so stolz sind. Immigranten aus Asien und Südamerika haben das Leben bunter gemacht. In der Kunst, in der Mode, in der Musik, im Fußball. Auch die Speisekarten haben sie mit ihren exotisch-köstlichen Gerichten bereichert. Multatulis Geburtshaus steht einige Straßen weiter, im Korsjespoortsteeg 20, wo er als Sohn eines Kapitäns 1820 geboren wurde. Weil er vom Gymnasium flog, wurde er, wie damals üblich, zur Bewährung in die Kolonien geschickt. Dort war er Angestellter der Königlichen Kolonialverwaltung Niederländisch-Ostindien, dem heutigen Indonesien. Desillusioniert kehrte er zurück, schrieb 1859 ›Max Havelaar‹. Er arbeitete später als Kölner Korrespondent des von ihm erfundenen »Mainzer Beobachters« für den »opregte Haarlemsche Courant« – eine Tätigkeit, die er mit viel Geschick so lange ausführte, bis der Schwindel aufflog. Multatuli zitierte und kommentierte »seinen« Beobachter und konnte so seine eigene Meinung publizieren. Als Emigrant starb er 1859 in Ingelheim (Rheinpfalz).

Das Buch – zehn Jahre vorher war ›Onkel Toms Hütte‹ erschienen – gilt als bedeutendes Dokument der kolonialen Epoche und war ein politischer Skandal. Das Buch wurde teuer verkauft, um zu verhindern, dass die koloniale Sittenstory populär wird. Aber die literarische Provokation »... Gut, gut, alles gut! Aber... der Javaner wird misshandelt«, wurde ein Bestseller, sogleich ins Englische und ins Deutsche übersetzt.

In den fünfziger Jahren des letzten Jahrhunderts wollte sich das Inselreich von Holland unabhängig machen. Aber das Land, gerade von einer Besatzungsmacht befreit, wollte seine reiche Kolonie nicht verlieren und entsandte das größte militärische Expeditionsheer seiner Geschichte in die abtrünnige Kolonie. Im ersten Guerillakrieg der Moderne, der mit unerbittlicher Härte geführt wurde, starben etwa 6000 holländische Soldaten, aber rund 300000 Einheimische. Erst unter massivem internationalen Druck wurde der als »Polizeiaktion« verharmloste Kolonialkrieg beendet. Zurück blieb verbrannte Erde, eine entwurzelte Gesellschaft, aber Indonesien wurde souverän. Nach dem Krieg emigrierten Abertausende von Javanern, Ambonesen, Molukken und andere Volksstämme nach Holland. Sie hatten gemeinsam mit ihnen gekämpft, denn ihnen, etwa den Molukken, war ein eigener Staat versprochen worden. Eine Illusion. Nach der Unabhängigkeit der Kolonie Surinam in Südamerika ergänzten geflüchtete Surinamer das bunte städtische Völkergemisch. Das muss man wissen, um zu verstehen, warum Amsterdam so farbig ist.

Mein Interesse an der kolonialen Vergangenheit war geweckt, nachdem ich Multatuli gelesen hatte und zufällig das provisorisch eingerichtete Surinamische Museum in einer alten Schule besucht hatte. Es stand vor dem Ruin, weil die jährlichen Subventionen von rund 6000 Gulden zur Diskussion standen. Der Leiter beklagte sich darüber, warum das Jüdische Museum fürstliche Subventionen erhalte und er nicht? »Wir waren doch auch Opfer.«

Im Rijksarchiv, dem Gedächtnis der Vergangenheit, ist die Geschichte der Kolonien und Sklaverei bis ins Detail dokumentiert. Bei meinem ersten Besuch musste ich mich einem Sicherheits-Check unterziehen, als hätte ich vor, die Goldreserven der Nationalbank zu zählen. Aber ich wollte nur einige Details wissen. Wie war das Leben an Bord der Sklavenschiffe, wer waren die Besitzer? Während der Archivar mit mir einen labyrinthischen Rundgang durch Gänge und Treppen unternimmt, nennt er mir erst andere eindrucksvolle Daten: 80 Kilometer Papier, 609 Meter Dosen mit Mikrofilmen und schätzungsweise 525 000 Karten und Zeichnungen, etwa 88 000 Charters, besiegelte Urkunden auf Pergament, liegen in den 19 Depots. Da sollte man besser genau wissen, nach was man sucht.

Augusto Uitenneuf, einen freundlichen älteren Herrn, treffe ich in der Kapelle des Rijksmuseums: »Ich wohne, lebe und feiere hier, aber glücklich fühle ich mich hier nicht. Dies ist mein Exil, meine Heimat ist das sonnige Surinam.« Der Fotograf kämpfte, ebenso wie andere seiner Generation, für ein »Sklavendenkmal«. Über das Vorhaben war jahrzehntelang und erbittert diskutiert worden, denn populär war das Thema nicht. Die schwarzen Staatsbürger waren eine lebende Erinnerung an den Menschenhandel der bibelfrommen Kaufleute. Es gab zwar Hunderte von Denkmälern, die an Widerstand und Judenmord erinnern, aber keine einzige Gedenktafel oder gar ein Staatsdenkmal für das »Dachau von Afrika«, wie Bestsellerautor Adriaan van Dis die Sklaverei nannte. Endlich bekamen Augusto Uitenneuf und die anderen etwa 250 000 genealogischen Sklavennachfahren im Land, von denen der Großteil in Amsterdam lebt, ihr Sklavendenkmal. Es steht »für die beschämendste Periode unserer Geschichte«, so Roger van Boxtel, der frühere Minister für Minderheiten.

Aus dem ganzen Land waren sie angereist, die Nachfahren der Sklaven. Die Einweihung des ersten nationalen Denkmals gegen Sklaverei im Amsterdamer Oosterpark sollte ihr Tag sein. Aber die schwarzen Staatsbürger waren von der festlichen Zeremonie, die in Anwesenheit von Königin Beatrix stattfand, ausgeschlossen. Was folgte, war Chaos und Tumult hinter den Absperrungen. In Sprechchören riefen die frustrierten Besucher, viele von ihnen in festlicher Landestracht, was sie dachten. »Es geht doch nicht um Beatrix, es geht um uns« oder »Wie Kriminelle werden wir wieder behandelt« und »Wir sind erlöst von unseren Ketten, haben lange für das Denkmal gekämpft und jetzt dürfen wir nicht dabei sein.«

»Unser Holocaust hat 350 Jahre gedauert. Ich habe die Geschichte der Sklaverei in meinen Genen«, rief Barryl Biekman, die Vorsitzende des nationalen Forums für die Sklaverei. Bei der Zeremonie zum Fest »Keti Koti«, die Ketten sind zerbrochen, können sie feiern. Zuerst einmal mussten sie ihre Wut loswerden. Mit Leidenschaft. Wütend sind sie, wütend auf die Mischpoke um Beatrix, die sie um ihr Fest betrogen hatte. Dann siegte jedoch das Sentiment, Frauen singen vom Leiden der Sklaven, weihen das Denkmal rituell ein und weinen, als sie ihr Mahnmal, das ihre Geschichte symbolisieren soll, berühren. Das Ende des Sklavenhandels bewirkten keine aufklärerischen Liberalen, sondern die Abolitionisten, moralisch sensibilisierte Außenseiter. Holland folgte offiziell erst 1863 – als letzte europäische Nation.

Die Amsterdamer sind dabei, diese Geschichte neu zu deuten. So will eine ständige Ausstellung im Philipsflügel des Rijksmuseums vermitteln, ohne die mit dem Kolonialismus verbundene Gewalt wäre der Aufstieg von Amsterdam nicht möglich gewesen. Auf vielen Gemälden tauchen Mohren als Pagen auf. Rembrandt hat sie immer wieder gemalt. Das Haus eines Bankiers an der Herengracht schmücken zwei Mohrenköpfe – der Besitzer war im Sklavenhandel steinreich geworden. Amsterdamer Kaufleute schufen viele jener Probleme, mit denen sich die Welt heute leidvoll herumschlagen muss.

Dorfmitte

Stolze Welt des Jordaan

Die Stadt ist ein offenes Buch, der Spaziergänger sein Leser, schrieb Cees Nooteboom einmal. Immer dann, wenn der Bestsellerautor mit rotem Handtuch um den Hals auf dem Weg zur Sauna am Fenster vorbeieilt oder mit dem Rad entlangradelt, den blauen Schirm auf dem Gepäckträger gespannt, weiß ich, er ist wieder daheim. Die Zeiten, als wir ihn noch im Café in der Prinsenstraat trafen, liegen lange zurück. Das war noch, als er Reiseschriftsteller und kein gefeierter Autor war – und schnell verschwunden war, als es ans Bezahlen ging.

Dieser Nachbar also hat einmal unsere Ecke so beschrieben: »Ich wohne im ältesten Teil Amsterdams, auf einer Karte von 1640 kann ich mein Haus sehen, auch wenn jetzt die Jahreszahl 1730 darauf steht. Mein Haus befindet sich zwischen Singel und Herengracht, ganz in der Nähe der Brouwersgracht, und über sie gehe ich nun ins Ausland: nach Jordanien oder, wie wir schon seit Jahrhunderten sagen: in den Jordaan.« Wenn der Autor dann sein Haus verlässt, kommt er am Parteibüro der Arbeiterpartei vorbei, überschreitet eine, zwei, drei Brücken und befindet sich auf dem Noordermarkt, am Beginn eines Labyrinths mit Gassen und Grachten.

Der Charme von Amsterdam? Es ist die wohl progressivste Stadt und mittendrin liegt der Jordaan. Hier wohnten einst jene Leute, die die Grachten aushuben, Stadtpaläste mauerten, Personal für die Herren lieferten und auf die Barrikaden stiegen, wenn sich die Obrigkeit in ihre Angelegenheiten einmischte. Ein Viertel mit eigenem Slang, Eigentümlichkeiten, Gewohnheiten – und vom Rest der Stadt isoliert. Das Volksviertel gilt als besonders »amsterdamerisch«, hier gibt es noch eine Identität des Menschen, die von den Gassen herrührt, die ihren eigenen Rhythmus hat. Sagt man, und dabei schwingt Nostalgie mit. In diesem Labyrinth gibt es noch Wohnzimmerspelunken, wo immer dieselben Männer sitzen und Teppiche auf den Tischen liegen.

Die Läden des täglichen Bedarfs – ohne dass es uns gleich aufgefallen wäre – verschwanden im Zeitraffer. Ich beschränke mich auf die Herenstraat. Zuerst zog ein Gemüsehändler fort, dann machte der Käseladen dicht, gefolgt vom Volendamer Fischhandel, Lieferant des ebenfalls geschlossenen Restaurant »t'Heertje«. Es war ein Schauspiel, wenn der Koch im Fischladen verschwand, um mit der frischen Seezunge zurückzukommen. Nach dem Tod des immer gut gelaunten Schlachters gab seine Frau den Metzgerladen auf. An der Beerdigung des jovialen Mannes nahm die ganze Nachbarschaft teil. Auch der Lebensgefährte von Connie Palmen, Hans van Mierlo, damals Außenminister, sagte alle Termine ab, um seinem Schlachter die letzte Ehre zu erweisen. Kurz darauf machte der andere Gemüseladen dicht, dann verkaufte der Zeitungsmann an der Ecke sein Haus. Laden für Laden schließt und wird durch Geschäfte mit Tand und Klamotten ersetzt. Cafés und Edel-Boutiquen, Galerien und Antiquariate. Dachgeschosse werden in moderne Appartements verwandelt – 34 Quadratmeter für 950 Euro und mehr. Etagen in den Stadtpalästen zu Komfortwohnungen ausgebaut – zwei Millionen Euro sind keine Seltenheit für ein Denkmal.

Dik Linthout ist geborener und überzeugter Amsterdamer. Er wohnt dort, wo die Grenze zum Jordaan verläuft. »Wie ein richtiger Amsterdamer habe ich auch nie einen Führerschein gemacht«, erzählt er. Amsterdam ist für ihn die ideale Stadt, intakt und kompakt, denn hier könne jedermann alles schnell mit dem Rad oder zu Fuß erreichen. Auch Linthout gehört zu jenen Amsterdamern, für die Touristen, vor allem jene auf Leihrädern, »eine echte Belastung sind. Sie glauben, wenn sie auf dem Sattel sitzen, sind sie Profis wie wir«.

Dik Linthout unterrichtet seit über drei Jahrzehnten Niederländisch am Goethe-Institut: »Ich habe es noch miterlebt, als in den achtziger Jahren die Stimmung hier noch antideutsch war. Meine Schüler und Schülerinnen wussten von unschönen Vorfällen zu erzählen. Diese Jahre sind gottlob vorbei.« Seine Erfahrungen hat er in dem lesenswerten Buch ›Frau Antje und Herr Mustermann‹ zusammengetragen. Darin geht er auf die Gemeinplätze und Vorurteile ein, die Holländer und Deutsche voneinander und übereinander pflegen.

Bonner Diplomaten in Den Haag achteten argwöhnisch darauf, in kein Fettnäpfchen zu treten. Vorurteile aus dem Weg räumen, das war nicht ihre Sache. Sie zückten lieber das Scheckbuch, um kulturelle Programme zu finanzieren. Peter van Walsum, niederländischer Botschafter in Bonn, war es, der wiederholt darauf aufmerksam gemacht hatte, »Deutsche sollten sich nicht in Geiselhaft nehmen lassen«. Wenn ich damals in einer überfüllten Trambahn oder im Zug Platz haben wollte, musste ich nur eine deutsche Zeitung aufschlagen. Niemand glaubte mir, aber Amsterdamer Freunde, die den Trick ausprobierten, hatten Erfolg.

Ich kenne engagierte Niederländer als Deutschlehrer, die mit unglaublicher Hingabe das Fach gegen eine Wand von Ignoranz unterrichten. Wenn ich die Frage vorgelegt bekäme, »was meine aktuellen Helden in der Wirklichkeit sind«, wäre meine Antwort, »die holländischen Deutschlehrer und -lehrerinnen.«

Dik Linthout sagt über seine Erfahrungen: »Negative Auffassungen über Deutsche mit ihrer Sprache zu verknüpfen wird noch allgemein akzeptiert. Deutsch gilt als Exotenfach und bekommt bei uns keine Chance mehr.« Amsterdamer stehen zwar nicht mehr ganz mit dem Rücken nach Deutschland, aber angelsächsische Literatur und Filme dominieren und Englisch ist die zweite Sprache.

Misstraue allen Bildern, denn da gibt es das Unerwartete. Vic van de Reijt hat Erfolg damit, dass er sich vom amerikanischen Einfluss abwendet. Seine Liebe gilt den deutschen, belgischen oder französischen Liedern aus den sechziger Jahren. Im traditionellen Rockcafé »Paradiso« veranstaltet er Musikabende, die regelmäßig ausverkauft sind. »Wenn alle antideutsch sind«, so der Musikfan, »bringe ich deutsche Chansons von Marlene Dietrich bis zum ›Tanze mit mir bis in den Morgen‹.« Seine »Deutsche Welle« stieß anfangs auf heftigen Widerstand, wurde aber ein durchschlagender Erfolg.

Deutsche, Österreicher sowie Schweizer zieht es wieder in großer Zahl in diese Stadt. Architekten, Konservatoren, Banker, Studenten, junge Frauen, die einen Amsterdamer lieben oder hier verheiratet sind, und all jene, die die Stadt mögen. Sie können oft Niederländisch oder lernen es hier. Sie integrieren sich lautlos, um nicht aufzufallen. Bei Deutschen wird das vorausgesetzt. Bei anderen Ausländern, vor allem Briten oder Amerikanern, akzeptieren es Amsterdamer, dass die kein Wort Niederländisch sprechen, auch wenn sie seit Jahrzehnten hier leben.

Deutsche in Amsterdam, das ist eine mehrfache Steigerung von Preußen in München. Eine schwierige Kombination. Im Gegensatz zu anderen Nationen werden Sie hier kein deutsches Restaurant, Café oder Geschäft finden, abgesehen vom Buchladen »Die weiße Rose«.

Bevor ich nach Amsterdam kam, war ich vertraut mit den Grachten und Gassen. Das verdanke ich nicht zuletzt den Krimis von Janwillem van de Wetering. Wovon ich jedoch keine

Kenntnis hatte, waren die Ressentiments von Amsterdamern gegenüber uns. Auch das erfuhr ich von dem erfolgreichen Krimiautoren, der in einem FAZ-Gespräch gesagt hatte, dass er Schwierigkeiten damit gehabt habe, dass ausgerechnet die Deutschen seine Bücher so schätzen und sein Feindbild langsam zerbrösele. »Die Deutschen waren für mich immer die Bösewichter schlechthin.« Deutsche in Amsterdam: eine oft schwierige Kombination.

Der Jordaan ist stark. Die Wiederbelebungsversuche scheinen nicht vergebens. Es gibt wieder Raum für spielende Kinder, Cafés und Restaurants sind gut besucht. Das Marktgeschehen am Samstag und am Montag im Schatten der Noorderkerk ist so etwas wie ein Dorfereignis. Aus der ganzen Stadt kommen sie zum *Boerenmarkt*. Die Marktstände stehen dort, wo einst der Friedhof war und wo noch heute die Toten ruhen, verkaufen Bauern und Bäuerinnen, Käsemacher, Bäcker, Pilzzüchter sowie Kräutermänner ihre Köstlichkeiten in braunen Papiertüten. Gegen Mittag, wenn in der Noorderkerk die Orgel ertönt und zum Kaffeetrinken geladen wird, überlassen wir den Budenzauber den anrückenden Touristengruppen.

Im Alltag wirkt alles überschaubar, gut funktionierende Kreisläufe. Hans Mensink treffe ich im Café. Wenn er einen Bekannten sehen will, geht er zu bestimmten Zeiten durch den Jordaan, wo einmal eine Autowerkstatt sein Eigen war. Er ist gebürtiger Amsterdamer, einer der Alteingesessenen, die es noch nicht aus dem Viertel vertrieben hat, und er war auch Stammgast im »Twee Zwaantjes« an der Prinsengracht. Das Musikcafé war eine Institution und berühmt, weil hier live zum Akkordeon gesungen wurde. Die Besitzerin, eine Opernsängerin, verkaufte schließlich. Das Ende einer 70 Jahre alten Tradition. »Es war immer eine so tolle Stimmung und wir alle hatten Spaß am Gesang.« Weil sich der Bekanntenkreis seiner Wurzeln bewusst ist, sie gemeinsam im »Zwaantje« gesungen und getrunken hatten, wurde dieser Chor im

»Zwaantje« gegründet und heißt Zwaanenkoor, Schwanenchor.

Etwa zehn Jahre hing das Schild *niet te koop, niet te huur*, nicht zu kaufen, nicht zu mieten, im Fenster einer anderen Institution, »Café Brandon«. Das Besitzerehepaar hatte keine Lust mehr. Ich sah sie dann oft beim Kaffee allein in ihrem Café. Auch die zwei vornehmen Damen sahen sie dort Kaffee trinken, klopften und baten um Einlass. Der Hausherr, etwas barsch, aber nicht unfreundlich, fragte, ob sie nicht sehen könnten, dass der Laden geschlossen sei. Später erfuhr er, es habe sich bei den Frauen um Königin Beatrix und ihre Hofdame gehandelt. Die Kunstsammlerin Beatrix wollte sich in der nahe gelegenen Galerie naive russische Kunst ansehen, aber die hatte noch geschlossen.

So ansatzlos umschwirren einen hier die kleinen Geschichten, aus denen sich das Leben im Jordaan zusammensetzt. Ein wenig örtlicher Chauvinismus darf sein.

Sumpfblüte

Der goldene Faden der Stadtgeschichte

Um das heutige Amsterdam zu begreifen, muss man hindurchstreifen. Eine ideale Stadt für einen Müßiggänger. Amsterdam ist und war eine Stadt der Spaziergänger. Auch das Reiten war hier einst untersagt. Flanieren Sie also entlang der Grachten, durch die Gassen, über die Brücken und durch die Stege. Das alles hat etwas Überraschendes und Faszinierendes.

Vielleicht kommen Sie zufällig in die Schuttersgalerie zwischen dem Historischen Museum und dem Begijnhof. Diese Fußgängerzone ist einmalig auf der Welt. Frühe Malerei gibt's hier zum Nulltarif, sozusagen zwischen zwei Einkäufen, und die Bilder ermuntern zur Kontemplation. Da hängen fünfzehn Prunkbilder, über zwei Meter hoch und fast fünf Meter lang. Wir machen heute Familienfotos von Hochzeiten oder Geburtsfeiern, Amsterdamer ließen sich porträtieren.

Bilder waren Statussymbole und für Maler lukrative, aber auch schwierige Aufträge: Die Auftraggeber wollten so positiv wie möglich dargestellt werden. Die Porträtierten lebten vor über 400 Jahren und scheinen doch unsterblich. Männer und Frauen mit rosigen Gesichtern, ihre Hände liegen entweder auf dem Tisch, Stuhl oder im Schoß, die Kleidung aus Samt und Spitzen entspricht ihrem Stand. Es sind Regenten und Regentinnen der Waisen- und Altenstifte sowie Bürgerschützen beim Umtrunk und alle blicken sie eindringlich aus der Vergangenheit auf uns nieder.

Diese Personen erlebten die »Morgenröte des Goldenen Jahrhunderts«. Das war der Mythos einer neuen Zeit, die den Abschied vom Mittelalter bedeutete, da alles noch in schöner Schwebe lag und die Bestimmung im »Goldenen Jahrhundert« fand. Nie zuvor und nie danach war Amsterdam so kreativ und wohlhabend. Hervorgebracht hat die Blüte weder Könige noch Fürstbischöfe, sondern freie Bürger. »Ganz Europa stand paff«, so Stadtschreiber Geert Mak, »über das, was in so kurzer Zeit hier geschah.«

Während Deutschland einen Tiefstand seiner Geschichte mit dem Dreißigjährigen Krieg erreichte, das Land verarmte, ein Drittel seiner Bevölkerung verlor und die nationale Entwicklung nachhaltig gelähmt war, entwickelte sich die Sumpfblüte zur »Venezia hollandia«. In jener Epoche muss sie einem geschäftigen Bienenkorb geglichen haben. Es bildeten sich Auslandskolonien. Ohne den Zustrom europäischer Flüchtlinge, die mit neuen handwerklichen und wissenschaftlichen Kenntnissen kamen, wäre der Aufstieg zur mächtigen Handelsstadt undenkbar gewesen. Auch manch einer, der woanders aufmüpfig geworden war, fand hier Zuflucht. Der Handel schrieb eine tolerant-pragmatische Politik gegenüber anderen Glaubensrichtungen vor. Das hatte mehr wirtschaftliche als religiöse Gründe: Politische Unruhen sind schlecht fürs Geschäft.

Nach dem erfolgreichen Aufstand gegen die spanischen Habsburger, den man sich nicht als patriotische Feldschlacht vorstellen muss, sondern als einen Trauermarsch durch achtzig Jahre, waren die alten Niederlande eine geteilte Nation – Holland und Flandern. Aus dem gemeinsam begonnenen

Glaubenskampf gegen die Spanier war ein Bruderkrieg geworden, deren Nutznießer Amsterdam wurde.

Während sich Holland in einen calvinistischen Kirchenstaat verwandelte, die oft gerühmte Duldsamkeit bei Dissidenten und Andersdenkenden aufhörte, entwickelte Amsterdam einen Sonderweg. Die Bewohner waren weniger militant und die Calvinisten weniger radikal. Die Regenten belieferten jedermann mit Getreide, Waffen und Geld. Pragmatisch waren sie auch, als der spanische Herzog Alba vor der Stadt eine Burg bauen lassen wollte, um die Bewohner in Schach zu halten. Aber die Bürger sammelten 200 000 Gulden ein, damit das Kastell nicht gebaut werde. Wäre die Burg gebaut worden, ach, was wäre das heute für ein prächtiges Fotomotiv. Wie ein goldener Faden zieht sich das pragmatische Handeln durch die Stadtgeschichte bis heute. Wenn es ums Geld geht, kennen sie weder Freunde noch Verwandte. Sie sind unhöflich gegen alle, von denen keine Vorteile zu erwarten sind. Es gibt Nachbarn, die gehen seit Jahrzehnten grußlos aneinander vorbei.

Der Staatsstreich gegen die städtische katholische Oligarchie von 1578 wurde nicht mit Gewalt und Blut ausgetragen. Kirchen und Klöster wurden nicht abgerissen, sondern erhielten neue Namen. Aus der gotischen St. Nikolaaskerk wurde die Oude Kerk, aus der spätgotischen Catharinakerk die Nieuwe Kerk. Katholiken oder Mennoniten durften Kapellen in Hinterhöfen oder auf Dachböden einrichten, so genannte *schuilkerken*.

Geheimkirchen waren praktizierte Duldungspolitik: Ein Problem, das wir nicht lösen können, gibt's auch nicht. Sichtbarstes Zeichen dieser Haltung sind heute die Coffeeshops. Die besterhaltene der einst etwa 250 Geheimkirchen trägt den anmutigen Namen »Unser lieber Herrgott auf dem Dachboden« (*Ons' Lieve Heer op Solder*). Hier können Sie auch sehen, wie der Kaufmann Jan Hartmann aus Westfalen im 17. Jahrhundert residierte, denn das Kleinod ist ein Museum.

Pragmatisch und auf den eigenen Vorteil bedacht war die Handelspolitik. Amsterdamer Kaufleute mischten überall mit. So waren die spanischen Silberflotten bei ihnen gegen Piraterie versichert. Aber ihre Kaperkapitäne klauten die Silberschätze. Amsterdamer rüsteten im dänisch-schwedischen Krieg 1644–45 die Schiffe beider Länder aus. Kaufleute wie Lodewijk de Geer und Elias Trip machten mit ihrem Munitions- und Waffenhandel Riesengewinne, weil sie sowohl Freund als auch Feind belieferten.

Amsterdamer waren gemeinsam mit Toskanern Monopolisten im Kaviarhandel. Der Zoll auf den Kanarischen Inseln lag in der Hand von Amsterdamer Juden, der Marmor für das Schloss von Ludwig XIV. in Versailles wurde via Amsterdam gekauft. Während der holländisch-englischen Seekriege belieferte die Stadt den englischen Feind mit Takelage und Segeln, Amsterdam war zudem Hauptquartier im Sklavenhandel. Ein Teil des Kapitals, mit dem die Hamburger Bank 1619 gegründet wurde, kam aus den Stadttresoren. Diese Beispiele zeigen, dass Amsterdamer Kaufleute nie wählerisch waren, wenn es um Profit ging.

Was würden Sie wohl sagen, wenn man Ihnen Ihre Zeitung aus dem Briefkasten klaut, Ihren Vorgarten zertrampelt, Sie ungefragt fotografiert und blöde in Ihre Wohnungen glotzt oder Fremdenführer mit dem Mikrophon in der Hand allen möglichen Unsinn erzählen, um bei ihrer Reisegruppe Eindruck zu schinden? Die Bewohnerinnen des Begijnhofes müssen sich diese Frechheiten von Fremden täglich gefallen lassen. Ein Kleinod ist sie schon, diese katholische Herzdame im pulsierenden Zentrum am Spui. Nur zu begreiflich, dass Touristen gerne einen Blick in die Idylle werfen wollen, aber dann sollten sie sich auch entsprechend aufführen. Regelmäßig fordern sie, lärmende Besucher dürften keinen Zugang erhalten. Die rebellischen Damen, schweigend im katholischen Paternalismus geübt, machen dann oft ihr schweres Zugangsportal dicht. Amsterdamer haben dafür Verständnis, nicht aber die Bürokraten im Rathaus. Die verhängen nämlich Strafgelder.

Den Dam werden Sie schon gesehen haben, das pulsierende Zentrum der Stadt. Kein anderer Platz spiegelt die Vitalität und Lebensfreude der Stadt so nachdrücklich wider. Nicht schön und malerisch, aber anziehend ist er. Beherrscht wird der Platz vom Koninklijke Paleis, dem ehemaligen Rathaus, von dem einst ein Weltreich regiert wurde, dem Symbol der republikanisch gesinnten Amsterdamer. Auf dem Platz prügelten sich kurz geschorene Matrosen mit langhaarigen Provos, brannten Barrikaden als Protest gegen den Vietnamkrieg und gegen Königin Beatrix.

Jeder Besucher empfindet beim Blick auf das Rathaus mehr als bei jedem anderen Bauwerk der Stadt die emotionale Dimension der Weltgeschichte. Der Steinkoloss, auf 13 659 Holzpfählen erbaut, ist die lebendige Erinnerung an eine große Zeit, Symbol und Machtzentrale der Handelsstadt. Mit dem Bau wurde 1648, im Jahr des Friedens von Münster, begonnen, 1655 wurde er beendet. Schauen Sie nach oben, so erkennen Sie auf dem Dach die Jungfrau des Friedens. Die Statuen und anderes Bildhauwerk, deren Motive aus der Antike entlehnt wurden, symbolisieren die Harmonie zwischen Bürgern und Stadtvätern. Das Tympanon, der reich verzierte Giebel an der Rückfront, zeigt die vier Weltteile, die ihre Schätze vor Amsterdam ausbreiten. Dieser Olymp war rund hundertfünfzig Jahre Sitz der Regenten. 1808 zog hier Louis Napoleon ein, den sein Bruder, der französische Kaiser Napoleon, zum König von Holland ernannt hatte und der das Rathaus zum Palast umbaute. Inzwischen befindet es sich in Staatsbesitz und Königin Beatrix ist Hausherrin.

Wenn der Palast, im klassizistischen Stil erbaut, zur Besichtigung geöffnet ist, sollten Sie eintreten. Schon wegen des gigantischen Bürgersaales. Dieser Raum, vier Etagen hoch, mit Marmor ausgekleidet, mit Marmorskulpturen und mit allegorischen Gemälden geschmückt, zählt zu den schönsten

Festsälen Europas. Hier fand 1966 der Ball anlässlich der Hochzeit der damaligen Kronprinzessin Beatrix mit ihrem künftigen Mann, Claus von Amsberg, statt. Der Saal, der das Universum auf das menschliche Maß reduziert, war Marktplatz der Bürger. Den Marmorboden schmückt ein Globus mit dem nördlichen Sternenhimmel. Die Pfahlgründungen im Schwemmboden galten als architektonisches »achtes Weltwunder«.

Keine andere Stadt – ausgenommen Rom – wurde so oft gemalt wie Amsterdam. Eine der ältesten Zeichnungen, die vom Dam bekannt ist, ist die »Luftaufnahme« von Cornelis Anthoniszoon aus dem Jahre 1544. Kein Portal, kein Haus, keinen Giebel, kein Boot hat er vergessen. Stellen Sie sich einen mehr als 115 Meter hohen Turm auf dem Platz vor. Jacob van der Ulft zeichnete den Dam mit dem geplanten, aber nie erbauten gotischen Turm der Nieuwe Kerk. Die Fundamente stehen noch am Hauptportal.

Frühe Reisebeschreibungen sind von grenzenloser Bewunderung für das »Venedig des Nordens«, ein Weltwunder an Kommerz und Pragmatismus. Vom »Amsterdam des Südens« spricht niemand, wenn Venedig gemeint ist. Bereits 1567 sprach der Florentiner Ludovico Guicciardini vom »zweiten Venedig«. In seiner Abhandlung über die Niederen Lande ›Descrittione dei tutti i Paesi Bassi‹ schrieb er: »Die Luft, das Wasser, die Lage, die Gemächlichkeit, die zahlreichen Kanäle, die man an nahezu allen Straßen findet, und viele andere Gründe lassen diese Stadt als ein zweites Venedig erscheinen.«

Die französische *romancière* Madame de Villedieu hob 1667 nach einem Besuch in der Stadt die Unterschiede zwischen Amsterdam und Venedig hervor und stellte fest, dass durch die Kanäle der Lagunenstadt goldene und bemalte Gondeln gleiten würden, in Amsterdam seien die Boote grau und unansehnlich und deren Bewohner ungehobelte Menschen, die niemandem auf der Straße ausweichen würden. Na ja. Immerhin gleitet im Sommer eine venezianisch-schwarze

Gondel vor meinem Haus vorbei – von einer jungen Frau bewegt. Ich denke an die zwei amphibischen Städte, poetisch verklärte Metaphern, die am Tourismus leiden, aber auch von ihm leben.

Die Sammler

Amsterdams Passion für das Schöne und Alte

Jan Pieter Glerum zeigt mit dem Hammer in den Saal. Er wiederholt sich ständig und doch ist es immer wieder neu, spannend und zerrt an den Nerven. Elegant ist seine Haltung. Die erstarrte Pose der Konzentration vor dem Zuschlag, dann der vorschnellende Arm, der strenge Blick, der dem Hammer folgt. Der linke Arm weist, einem Boulespieler nicht unähnlich, in die Luft. Mit seinem Hammer hält er den Saal still. Dann geht es Zug um Zug. »250«, »300«, »350«, »400. Niemand mehr als 400?« Ein fragender Blick in den Saal. Der Auktionator wiederholt langsam: »Niemand mehr?« Niemand rührt sich. Er ist Dirigent und mit seinem Hammer hält er den Saal im Bann. Mit geradezu meisterlicher Gebärde fegt der 60-Jährige sein Haar nach hinten. Glerum preist die Nummer 618 erneut an: »Ein herrlich-seltenes Spielzeug, ein Schmuckstück.« Ich hebe meine Bieternummer 28 hoch, Glerum zeigt mit dem Hammer auf mich: »Niemand mehr?« – »Niemand mehr?« Er guckt noch einmal in die Runde. Dann fällt sein Hammer. Damit bin ich Besitzer des roten Blech-Rennautos aus dem Jahre 1934, hergestellt von der deutschen Firma Nemo.

Der Mann mit dem Hammer und der steilen Karriere

gehört zu den pfiffigsten Auktionatoren der Stadt. J. P., wie ihn seine Fans nennen, ist mit seinem Unternehmen »Auctioneers Glerum« nicht der einzige Auktionsmeister in Amsterdam. Da gibt es noch »Sotheby's«, »Christies« oder »De Eland De Zon«. Die Geschäfte in den Auktionshäusern laufen so gut wie lange nicht mehr. Einheimische wie ausländische Sammler greifen beherzt zu. Vor allem Erstklassiges ist gefragt. Versteigerungen sind Theater, an dem immer mehr Jugendliche ihren Spaß haben. Etwa in »De Eland«, wenn alle zwei Monate »Rommeltag« ist. Dann werden alle Dinge, die auf dem Flughafen Schiphol von Passagieren vergessen wurden, versteigert. Jährlich geht es um rund 25 000 Fundstücke von der Hutschachtel, ganzen gepackten Koffern bis zu Computern, Mobiltelefonen, Fotoapparaten, Fahrrädern sowie Säckchen mit Geldmünzen

Amsterdamer sind Sammler, die diese Lust mit der Passion für das Schöne verknüpft haben. Die einen kommen, um sich ein Bild für ihre neue Wohnung zu ersteigern, die anderen möchten miterleben, zu welchem Preis ihr Familienschmuck weggeht. Eine beliebte Fernsehserie ist ›Zwischen Kitsch und Kunst‹, in der private Kunstschätze von Experten geschätzt werden. Es ist unglaublich, was für Kunstwerke die Leute besitzen. Hier habe ich auch zum ersten Mal gehört, dass viele Gemälde für immer beschädigt sind. Schuld war der sprichwörtliche Reinlichkeitswahn: grüne Seife für alles. Das hält der größte Meister nicht aus.

Auch ich habe mich von der Amsterdamer Sammelleidenschaft anstecken lassen, bin oft zu Gast bei Auktionen und habe Gemälde mit Seemotiven oder Stadtansichten ersteigert. Ausgeguckt habe ich mir die Schätze an *kijkdagen*, also an jenen Schautagen, die der Versteigerung vorangehen. Einmal hatte es mir ein Tautropfen auf einem Blumenstillleben angetan. Ich musste darüber streichen, um festzustellen, ob der Tropfen tatsächlich gemalt war. Mit dem Katalog in der Hand laufe ich mit anderen Interessierten an den Objekten vorbei und kreuze an, was mir gefällt. Mit dieser Passion befinde ich mich in guter Gesellschaft.

Auch Rembrandt besuchte Auktionen, wo er oft auf halsbrecherische Weise mitbot und extreme Preise zahlte. Den Großteil seines Vermögens hatte er in eine Gemäldesammlung gesteckt. Sammeln war ein kulturelles Phänomen. Kunst galt auch als Sicherheit für Geldverleiher. Die Grachtenstadt war ein Universum, in dem sich die Güter der Welt stapelten, eine wunderbare Voraussetzung für Sammler. Meine Bekannten besitzen historische Musikinstrumente, Gemälde, Silber, Schränke, bibliophile Kostbarkeiten oder eben Blechspielzeug. Sammeln ist regelrecht ein Volkssport.

Aber nicht alles, was der eigenen Sammlung zugeführt wird, ist so echt, wie man sich das wünscht. Die Diskussion um Meister-Fälschungen ist aktuell und Amsterdam spielt dabei eine Rolle. Zum Beispiel ›Junge Frau am Virginal‹ aus dem Johannes-Vermeer-Œeuvre. Das Din A4-große Porträt wurde als 36. Vermeer am 8. Juli 2004 bei Sotheby's in London für 24,26 Millionen Euro an einen anonymen Sammler in den USA versteigert. Das auf 4,5 Millionen Euro geschätzte Bild galt jedoch lange als zweifelhaft. Holländische Experten vermuteten, es stamme aus der Werkstatt des Amsterdamer Vermeer-Fälschers Han van Meegeren. Begründung: »Ein echter Vermeer lacht, ein falscher Vermeer grinst.« Sein Besitzer, der belgische Kunsthändler Baron Frederic Rolin, hatte das Bild materialtechnisch und stilkritisch untersuchen lassen. Ein amerikanisches Expertengremium entschied: echt. Die Wissenschaft hatte über die Skepsis gesiegt. Doch bleiben Zweifel: Das Mädchen zeigt nun einmal nicht das bekannte Vermeer-Lächeln.

Der berühmteste Vermeer-Fälscher, der für das Wirrwarr verantwortlich ist, lebte an der Keizersgracht 321. Sein Stadtpalast war so groß – heute residiert dort der Verband der niederländischen Architekten –, dass der Künstler vom Portal bis zum Garten mit dem Fahrrad radelte. Er wollte seine Besucher nicht unnötig warten lassen. Han van Meegeren hieß der Maler, wurde von Frauen geliebt, war ein geachteter Bürger, ein angesehener Porträtmaler – und so reich, dass er sein Geld im Garten verbuddelte. Zum vollkommenen Glück fehlte dem wohl seltsamsten Vogel der Kunstgeschichte die Anerkennung der Kunstkritiker. Die bekam er, als er die Welt mit sechs Vermeers glücklicher gemacht hatte.

»Eine Bereicherung niederländischen Kunstbesitzes«, war 1938 das einhellige Urteil der Kenner, als sein Vermeer ›De Emmaüsgangers‹ auftauchte. Im Rotterdamer Boijmans Van Beuningen Museums, das das Werk erwarb, ist es noch immer zu sehen. Der Vermeer-Kenner Abraham Bredius hatte in seiner Expertise festgestellt: »…eines von seinen großen Werken, ganz anders als seine anderen Gemälde, und doch ganz und gar ein Vermeer.«

Henricus Antonius van Meegeren wurde 1889 als Spross einer wohlhabenden katholischen Familie geboren, studierte Architektur, wurde Maler und Fälscher. Sein erster Vermeer war ›Junker und Dame am Spinett‹. Bredius stellte 1932 »einwandfrei« fest: »Ein Meisterwerk des großen Mannes aus Delft.« Das freute van Meegeren natürlich, und er fühlte sich sportlich herausgefordert: »Ich glaubte nicht an die Unfehlbarkeit der Kunstexperten, und daher entwickelte ich einen Plan, die Herrscher des Kunsthandels, die meine Bilder als drittklassig eingestuft hatten, auf die Probe zu stellen.« Warum er sich gerade Vermeer ausgesucht hatte, erklärte sich aus der Vermutung, Vermeer müsse mehr als die autorisierten 35 Gemälde gemalt haben. Die Kunstwelt wartete also auf deren Entdeckung und van Meegeren nutzte diese Sehnsucht.

Wie das gute Schicksal es wollte, fiel ihm ein deutsches Lehrbuch in die Hände, in dem eine Menge Wissenswertes zu lesen war, etwa wie man Bilder so malt, dass sie uralt aussehen. Vor allem die vielfältigen Möglichkeiten, die der neue Kunststoff Bakelit bot, weckten seine Neugier: Alles, was funktioniert, funktioniert auch anders. So entstanden die Bakelit-

Vermeers. Er mischte Bakelit mit ätherischen Ölen, nahm Pigmente, die die Maler früher verwendet hatten. Das kostbare Lapislazuli – eine aus Lasurstein gewonnene Farbe und als Vermeer-Blau bekannt – kaufte van Meegeren bei einer Londoner Firma. Er erwarb Gemälde aus der Zeit Vermeers, etwa einen echten Govert Flinck, laugte das alte Bild ab und malte auf die alte Leinwand seine Vermeer-Version. Um die aufgetragene Farbe zu härten, schob er das Bild wie einen Christstollen zwei Stunden in den Ofen. Nach der Abkühlung war die Farbe hart und brüchig. Anschließend rollte er die Leinwand um einen Stock, die so die typischen Craquelé erhielt – feine Haarrisse in der Oberfläche, besserte mit dunkler Tinte nach und fertig war der Vermeer. Alle seine Vermeers wurden als echt und mit Zertifikat anerkannt.

Der Schwindel wäre vielleicht nie aufgeflogen, wenn van Meegeren seinen letzten »Vermeer« nicht an Hermann Göring verkauft hätte. Umgerechnet 13 Millionen Dollar hat der Reichsfeldmarschall für den Bakelit-Vermeer bezahlt.

Nach dem Krieg wurde van Meegeren deswegen als Kollaborateur verhaftet. Ihm wurde vorgeworfen, nationales Kulturgut an den Feind verkauft zu haben. Landesverräter wurden mit langen Haftstrafen, Aberkennung der Bürgerrechte und Einzug des Vermögens bestraft. Der Angeklagte wollte schweigen, aber nach wochenlangen Verhören wird selbst der stärkste Charakter schwach. Um der Verurteilung zu entgehen, musste er mit der Wahrheit herausrücken, und keiner glaubte ihm diesen Unsinn.

Um seine Glaubwürdigkeit zu beweisen, malte er im Gerichtssaal ›Christus und die Schriftgelehrten‹. Jetzt, da der Schwindel sichtbar war, urteilten die Vermeer-Experten: »Die Komposition ist verkrampft, die Farben grau, die Lippen zu dick.« Der Meisterfälscher wurde als sympathischer Gauner gefeiert, als Volksheld, dem ein Denkmal gesetzt werden sollte. Seine größten Bewunderer hatte er in den USA. Für sie war er ein Eulenspiegel, schließlich hatte er den »dicken Hermann« reingelegt. Im Prozess um den größten Bilderschwindel des Jahrhunderts wurde er zu einem Jahr Gefängnis verurteilt und starb kurz darauf, 58 Jahre alt.

Auch andere Meister wurden nachgemalt – so auch Rembrandt. Allein die Zahlen des New Yorker Hafenzolls waren Schwindel erregend: 9482 Rembrandts wurden zwischen 1909 und 1950 in die Vereinigten Staaten eingeführt. »Hauptsache ein Rembrandt«, erzählte mir Ernst van de Wetering bei unserem ersten Gespräch. Auch Gemälde haben eine Biographie, und die kann oft falsch sein. Um Ordnung in diesen »Brei von Rembrandts« zu bringen, so der Experte, wurde 1967 das »Rembrandt Research Project« (RRP) gegründet und 1993 neu organisiert.

Van de Wetering, der seine Truppe als »Kriminalisten in der Tradition von Sherlock Holmes« umschreibt, geht bei der Suche nach echten Rembrandts wie der Londoner Meisterdetektiv vor. Ihr bekanntestes Opfer wurde ›Mann mit Goldhelm‹ in der Berliner Gemäldegalerie. Auch ich habe noch in der Schule gelernt, dies sei ein klassischer Rembrandt. Mit jeder Abschreibung wuchs der Kreis der Skeptiker. Svetlana Alpers, amerikanische Rembrandtforscherin glaubt, auch wenn der ›Mann mit Goldhelm‹ nicht von Rembrandt stamme, so würde das Bild ohne Rembrandt doch jedenfalls nicht existieren.

Warum diese Wühlarbeit, die auch Feinde macht? »Gerade weil Rembrandt ein Genie war und ein nationaler Mythos ist, wollten wir endlich wissen, was ist vom Meister und was haben seine Schüler oder Epigonen gemalt?«, begründete van de Wetering das Engagement. Woran erkenne ich einen authentischen Rembrandt? »Etwa an der Lichtführung, daran, dass er ohne Vorzeichnung auf die grundierte Leinwand oder Holztafel gemalt hat und natürlich das Helldunkel der Schattenpartien.« Ernst van de Wetering sagt: »Unser Triumph ist, dass wir Rembrandt bei seiner Arbeit über die Schulter gucken können.«

Go with the blow

Coffeeshops, Toleranz und Gleichgültigkeit

Gelegenheit zur Begeisterung hat Henk de Vries oft gehabt. Aber die dritte Meisterschaft des von ihm gesponserten Eishockey-Clubs »Amsterdam Bulldogs« freut ihn ganz besonders. Der »Goldonkel«, wie er in der Szene genannt wird, war der Erste, der einen Coffeeshop sein Eigen nannte. Das war ein historisches Ereignis und eine wahre Gründungswelle überraschte die Stadt. »The Bulldog«, in einer ehemaligen Polizeiwache am Leidseplein, ist das berühmteste Drogencafé der Welt – eine touristische Attraktion. Dort gibt's Zweigrammtütchen so problemlos wie am Kiosk die Rolle Pfefferminz. Wie alle, die legal oder illegal mit Drogen handeln, ist de Vries reich geworden. Sein Imperium besteht aus fünf Coffeeshops, Hotel, Souvenirläden, Fahrradverleih, Online-Shop.

Markus, Stephanie und Thomas aus Münster sitzen auf der Terrasse des »Bulldogs« und schauen den Gauklern auf dem Leidseplein zu. Am Morgen haben sie das Anne-Frank-Haus besucht. Das hatte auch etwas von einem Pflichtbesuch, zum »Go with the blow« hingegen sind sie einem inneren Ruf gefolgt. »Genießen im Paradies«, nennen sie das und finden es »faszinierend, im Café einen Joint rauchen zu können«.

Erfahrene Raucher machen einen Unterschied zwischen high und stoned. High fördert die Kreativität, ein stoned *roker* wird passiv, hört Musik und lauscht auf sein Inneres. Marihuana, so die Profis, dient dem Menschen und ist nicht sein Meister. Coffeeshops zählen wie die Grachtenrundfahrten zu den Topattraktionen und das liberale Drogenklima wirkt auf jugendliche Weltenbummler einladend und faszinierend. Die Schüler aus Münster gehören zu jenen Besuchern, von denen Umfragen sagen, dass jeder vierte Tourist nicht älter als 25 Jahre ist und immerhin drei von vier Jugendlichen nach Amsterdam der Drogen wegen kommen. Amsterdam ist das Mekka.

Aus Angst vor dem städtischen Zimmermann, der ihnen bei Überschreitung der Regeln das Geschäft dichtnagelt, achten die Portiers genau darauf, dass Jugendliche unter 18 Jahren ihren Laden nicht betreten. Ein spezielles Polizeiteam kontrolliert die Einhaltung der Regeln: Kunden, Handelsware, keine Reklame, kein Krawall, kein Alkohol und keine harten Drogen wie Kokain und Heroin. Neben den Coffeeshops gibt es auch Smartshops, in denen halluzinierende Mittel wie Pilze angeboten werden, und Haschcafés, die sowohl Haschisch als auch Alkohol verkaufen dürfen. Die Kombi-Haschcafés müssen sich im April 2007 entscheiden: Bier oder Joint. Wir haben uns inzwischen an den Duft von Haschisch gewöhnt, aber für das »böse« Ausland leben wir in einer »Narkotikastadt«.

Fast täglich lese oder höre ich in den Medien etwas zum Thema. Eine Blütenlese: »40 Tonnen Kokain von den Antillen – Regierung fordert Reiseverbot für Drogenkuriere«, »Softdrugs nur für Niederländer«, »Streit zwischen Donner und Schily über Coffeeshops« (Donner ist Justizminister), »Joints im Tabakladen«, »Drogenkuriere nicht aufzuhalten«, »Kinder von Drogenkurieren ins Gefängnis«, »Deutschland böse über Drogenpolitik«, »Drogenpolitik erzürnt Paris«, »Schnell ein Jointje in der Pause«, »Kokain – jetzt für jeden«, »Das Kokainkarussell«, »Drogenbande in Schiphol enttarnt«.

Im Zentrum läuft ein harter Kern von etwa fünfhundert Kriminellen herum, die sich täglich an fremdem Eigentum vergreifen. Die Gesichter der 52 meistgesuchten sind auf einem Kartenspiel der Polizei zu sehen. Nach dem Vorbild der Amerikaner im Irak, die ein solches Spiel von gesuchten Irakern mit sich tragen, hat auch die Amsterdamer Polizeiführung ein Spiel hergestellt, um den Gaunern das »Leben schwerer zu machen«.

Wenn etwas zu Kopfe steigt oder sonst nicht in die herrschende Norm passt, wird es hier augenzwinkernd geduldet. So gibt es Bereiche des täglichen Lebens, wo sich der fromme Muslim und der rechtschaffene Christenmensch prächtig verstehen würden. Von den allgemein gängigen Dingen dürfen Amsterdamer eigentlich alles tun. So kommt es, dass nicht nur bei der Beachtung von Verkehrsregeln, etwa eine Einbahnstraße nicht in die verkehrte Richtung zu fahren, sondern auch beim Genuss von Drogen der doppelte Boden calvinistischer Nüchternheit und beschwingter Lebenslust mehrere Lagen hoch ist.

Moet kunnen ist der Schlüssel zum Verständnis – es muss möglich sein – das ist die Zauberformel, mit der der Alltag und die Bürokratie als vernünftig organisiertes Chaos überlebt werden kann. *Moet kunnen* ist das schulterzuckende Gewährenlassen anderer bis in die Nähe zur Doppelmoral, das stillschweigende Übersehen von Problemen ist ein wesentliches Kennzeichen der bürgerlichen Geisteshaltung. Ich kann es auch so formulieren: Bei diesem Bild handelt es sich um eine Variante von Gleichgültigkeit der Amsterdamer.

So vermitteln zwar die berühmten offenen Fenster und die fehlenden Vorhänge ein Zeichen von Offenheit, sind es aber nicht. Die Bewohner wollen damit lediglich zum Ausdruck bringen, dass sie tugendhaft leben und nichts zu verbergen haben.

Der Sozialwissenschaftler Kurt Tudyka formuliert es so: »Es gibt viel freundliche Heuchelei, die das Leben mal erleichtert, mal erschwert. Das ist die doppelte Moral als Lebensprinzip einer Handelsgesellschaft, in der sich die Liberalität des Kaufmanns und die Bigotterie des Gutherzigen vermischt haben.« Dulden als Form pragmatischer Toleranz und als Schlüsselbegriff des »dutch way of life«.

Als vor mehr als drei Jahrzehnten die Politiker Softdrugs wie Cannabisprodukte – Haschisch und Marihuana – freigaben, glaubten sie an das Gute im Menschen. Ihr Wunschtraum war es, das als unlösbar geltende Drogenproblem zumindest unter Kontrolle zu halten. Sie hatten die Attraktivität der Coffeeshops auf Ausländer unterschätzt, aber auch die Kreativität krimineller Organisationen, die den Drogenhandel heute fest im Griff haben.

Bei der Verfolgung von Straftaten handelt die Staatsanwaltschaft nach dem Opportunitätsprinzip und nicht wie in Deutschland nach dem Legalitätsprinzip. Ein Staatsanwalt kann, er muss aber nicht, in Abwägung des Einzelfalles nach eigenem Ermessen über Sinn und Verhältnismäßigkeit einer Strafverfolgung entscheiden. Das Opportunitätsprinzip hat der Staatsanwaltschaft ein hohes Maß an Freiheit in gesellschaftlich umstrittenen Rechtsfragen wie aktiver Sterbehilfe eingeräumt. Zwar verstößt auch hier der Handel mit Softdrugs gegen das Gesetz. Aber dessen Geist wird großzügig interpretiert.

Offiziell weiß niemand, wo die Coffeeshops ihre Drogen einkaufen, ist ja illegal. Wird ein Coffeeshop-Inhaber gefragt, woher er seine Ware habe, lautet häufig die Antwort: »Vom Nikolaus.« Die Cafégänger können die Ware hingegen kaufen und genießen. Cannabis ist nach Alkohol und Tabak die am meisten konsumierte Droge, ein Naturprodukt des Hanfgewächses, Cannabis sativa, mit psychotroper Wirkung. Hauptwirkstoff ist Tetrahydrocannabinol (THC). Das angebotene *nederwiet*, auch »Grünes Gold« genannt, stammt größtenteils aus heimischer Produktion und gilt als das beste der Welt. Coffeeshops sind ein florierender Wirtschaftszweig und die

Leute, die das Zeug vertreiben, sind Unternehmer, die brav Steuern zahlen. Jährlich verkauft ein Café mindestens hundert Kilogramm Cannabis.

In Mennos Wohnzimmer in der Staatsliedenbuurt hängt ein süßlicher Duft. Aus einem kleinen Apparat steigt Wasserdampf auf und Wärmelampen sorgen für subtropisches Klima. Der 51-jährige *homegrown*-Züchter hat in seiner Wohnung eine Miniplantage von hundert Hanfpflanzen. Er gehört zu den Züchtern mit den »grünen Fingern«, will heißen, er benutzt keinen Kunstdünger, sondern Fledermauskot und erntet in seiner Wohnung bis zu vier Mal jährlich. Seine Ernte verkauft er an Engländer, lieber aber an Deutsche: »Die sind so dankbar und beschweren sich nie.« Was Menno tut und viele andere auch – vom Postboten bis zur Rentnerin – ist verboten. Was Markus, Stephanie und Thomas auf dem Leidseplein machen, wird vom Staat toleriert.

An diesem Beispiel zeigt sich die widersprüchliche Drogenpolitik. Wie viele Züchter es in der Stadt gibt, weiß niemand. Die Polizei greift nur ein, wenn die Nachbarn klagen. Rund 250 Privatzüchter werden jährlich ertappt. Auch das Rathaus will »keine Hexenjagd« auf Züchter veranstalten. Es sind vor allem die Stromlieferanten und Hausbesitzer, die sich ihnen an die Fersen heften. Die meisten Züchter zapfen illegal Strom ab, der jährliche Schaden wird auf zweihundert Millionen Euro für das ganze Land geschätzt.

Aus purer Not sind die wenigsten an die Drogen geraten – es waren meist die Klügeren, die Neugierigen, und die meisten wussten oder wissen genau, was sie taten, wenn sie sich an die Drogen wagten. Und es waren die Sensiblen und die Idealisten, die einst diese Pillen entwickelt haben. Längst beherrschen kriminelle Organisationen, die im großen Stil Hanfpflanzen anbauen lassen oder gedungene Subunternehmer beschäftigen, das Geschäft. Die etwa 260 Coffeeshops sind auch ein Wirtschaftsfaktor, und an Drogentouristen verdienen alle. Hoteliers und Snackbarbesitzer, Bahn und Bierbrauer,

Restaurants und Kaufhäuser, Einzelhandel und Museen. Einen Coffeeshop besuchen mehr Menschen als eine Kirche.

Aber das Klima ist rauer geworden. Die Veränderungen haben auch ein Datum: der Auftritt des populistischen Politikers Pim Fortuyn, der kurz vor den Wahlen 2002 ermordet wurde. Der bekennende Homosexuelle ist so idealisiert, dass er zum »berühmtesten Niederländer aller Zeiten« gewählt wurde. Die Stimmung verschob sich auch in Amsterdam dramatisch in eine Richtung, die man um die Jahrhundertwende als rückwärts gewandt abgetan hätte. Wurde einst alles geduldet, wurde die Ruderpinne radikal umgedreht und seitdem auf die konsequente Einhaltung von Gesetzen geachtet, von Normen und Werten geredet, um der Verluderung Einhalt zu gebieten. Politiker räumen ein, dass die Drogenpolitik missglückt sei und die Zunahme des illegalen Handels die »Drogenpolitik ad absurdum« geführt habe.

Die Drogenpolitik war einst von Pragmatismus und Nüchternheit geprägt und der Glaube, mit Verboten schaffe man bestimmte gesellschaftliche Probleme nicht aus der Welt, steht längst auf dem Prüfstand. Die Regierung erwägt, den Verkauf von jenen Softdrugs, die zu viel des THC-Wirkstoffs enthalten, zu verbieten. Die konservative Regierung um Jan Peter Balkenende, ein Christdemokrat mit fundamentalistischer Bibelhaftung, fordert eine repressive Drogenpolitik, der Stadtrat von Amsterdam plädiert jedoch mehrheitlich für eine Legalisierung. In der Drogenpolitik redet man seit Jahren aneinander vorbei. Man versucht nicht einmal, die Beweggründe der anderen Seite zu verstehen.

Die politischen Hardliner werden durchsetzen, was sie angekündigt haben. Das angekündigte Rauchverbot in Restaurants und Cafés könnte ihnen dabei helfen. Bürgermeister Job Cohen, um das Image seiner Stadt besorgt, will es so weit nicht kommen lassen. Cohen und sein Polizeichef plädieren dafür, dass der Anbau von Cannabis legalisiert wird. Schließlich sei dies gut für Tourismus und Export.

In einem amtlichen Manifest heißt es: Durch die hohen Gewinne habe »das organisierte Verbrechen einen festen Griff in diesem umfangreichen Markt, denn viele Coffeeshops müssen notgedrungen mit den Kriminellen zusammenarbeiten, um an ihre Verkaufsware zu kommen. Der Staat weiß, dass diese Hintertür besteht, schließt aber davor seine Augen. Als lokale Politiker werden wir mit den schädlichen Folgen der heutigen Duldungspolitik konfrontiert«. Job Cohen sagt: »Die Coffeeshops sind eine Errungenschaft.«

Rote Laternen

Weltberühmt und öffentlich

90 ›Tatort‹-Minuten dauert der Rundgang durch die weltberühmte Gegend. Die Altstadt ist nichts für Gelegenheitstrinker, sondern Fusel pur. Ein Sodom und Gomorrha nach Ansicht calvinistischer Prediger. Eine Gegend der finsteren Machenschaften und noch dunkleren Geschäfte. Die *Walletjes*, wie das weltberühmte Sexviertel verniedlicht genannt wird, sind eine Seite des Buches, das Amsterdam heißt. Und wie in einem Roman überrascht die Stadt mit spannenden und schönen, langweiligen und überraschenden Momenten und immer wieder verwischen die Grenzen. Etwa in der *rosse buurt*, dem Rotlichtviertel.

Alles ist da, was die Fremdenführer versprechen. Es gibt die finsteren Gesellen, die harten Gangster, die roten Schaufenster mit den Mädchen und all den schrägen Typen. Nirgendwo sind mehr Polizisten, nirgendwo mehr Kameras als in dieser städtischen Keimzelle. Der pragmatischen Toleranz wurden seit geraumer Zeit Grenzen gesetzt, geschadet hat es dem freizügigen Ruf nicht. Durch die Gassen drängen rund um die Uhr Besucher aus aller Welt. Auch wenn Sex nicht mehr ist, was er angeblich einmal war, die öffentliche Darbietung inflationär ist, hier ist es noch ein Kicherthema. Und alle kommen, wollen gucken und sich gruseln.

Als wir eine Austauschschülerin zu Gast hatten, was wollte die unbedingt sehen? Nicht das Anne Frank-Haus, sondern den *Red Light District*. Ebenso wie Touristen aus Mailand oder Mannheim, aus Kobe oder Liverpool, sie alle wollen jenen heimlichen Vergnügungen nachspüren, die es hier geben soll. Prostitution gehört zu Amsterdam wie der Klüngel zu Köln, die politische Korruption zu Brüssel.

Amsterdamer reden nicht gerne von ihrem Schmuddelzimmer. Es genügt ihnen, dass dies die größte Touristenattraktion ist und die Schaufenster-Prostitution der Joker. Die Männer und die Hausfrauen, kichernde Japaner und deutsche Schülergruppen, neugierige Spanier, vor allem aber betrunkene Briten haben das Gefühl, die Puppen aus aller Welt tanzten um sie herum. Mit ihrem starken Pfund und im Billigflieger reisen vor allem Briten für die drei Hs an – Heineken, Hasch, Huren. Sie mustern ungeniert die im Fenster wartenden Mädchen mit den Künstlernamen, fragen »*How much?*«, um dann unter großem Gejohle mitzuerleben, hinter wem aus der Gruppe sich die Vitragen schließen.

Das Rotlichtviertel, in dem man die Realität um den Kopf geknallt bekommt, ist beliebt als Kulisse für Vorabendserien und als Stoff für Literaten. Für den DDR-Leser schrieb Günter Kunert 1963 auf: »Elektrische Vagina – besser als jede echte! Rund um die Oude Kerk feiert der entfremdete Sexus fern jeder Liebe und jeder individuellen Beziehung seine archaischen Orgien, von manchen mit Freiheit verwechselt, die es doch nicht ist. Bürger der DDR, so schlimm ist das dort schon.« Ausgiebig hat das Milieu auch Janwillem van de Wetering in seinen Krimis beschrieben.

Reisegruppen kommen täglich und ohne Ende, von einem Guide geführt. Wie ein Heerführer, den Schirm oder eine Fahne in der Hand, läuft er vor seiner Gruppe. Eine einfache Aufgabe scheint das nicht zu sein. Ständig guckt er, ob er auch niemanden verloren hat, erläutert dann ein Haus, zeigt auf einen Giebelstein. Während er erzählt, führt sich seine Gruppe auf, als handele es sich um eine Schulklasse: eine Mischung aus Langeweile, Müdigkeit und Desinteresse. Gibt's noch Fragen? Fragen werden nie gestellt. Reisen ist Arbeit, verdammt harte Arbeit.

Amsterdam war nicht nur die reichste Stadt, sondern auch eine sehr fröhliche. Von allen Türmen ließen die Glockenspiele ihre Musik über die Bewohner erklingen. Frühere Reisende wunderten sich: »Hier klingeln allein Dukaten und Glocken.« So viel Musik umsonst für alle, das war einmalig auf der Welt.

Das schönste Glockenspiel, Mozarts Pianosonate KV 309, erklingt vom Turm der gotischen Oude Kerk. Und wie im Mittelalter eilen Besucher mit Glockengeläut in die Bordelle, die wie ein Kranz um die Kirche liegen. Welche Majestät, Gewalt und Autorität, als sie den Tag in Stunden einteilten, von der Ankunft der Krieger ebenso kündeten wie von Taufe und Tod. Nichts hat die Phantasie des Volkes einst so bewegt, das Gemüt des Bürgers so ergriffen wie die Glocken.

Siebenhundert Jahre Stadtgeschichte sind auf dem Zeedijk, dem Rotlichtviertel, dokumentiert. Alles Verbotene, Frivole hatte seitdem auf dem Zeedijk seinen Platz. Die Gegend ist auch ein Beispiel dafür, wie ruchlos Stadtpolitiker mit diesem Erbe umgegangen sind und als nichts mehr zu retten war, das Gebiet einfach zum *rampgebied*, zum Katastrophenviertel, erklärten. Die Müllabfuhr und der Postbote kamen nicht, Polizeistreifen waren mindestens sechs Mann stark, immer mehr soziale Schichten zogen weg. Die Staatsmacht hatte vor der Unterwelt kapituliert, die Polizeiwache Warmoesstraat war die korrupteste – hatte der inländische Nachrichtendienst festgestellt.

Dann machten die letzten Bewohner mobil, schrieben in ihrer Not der Königin, der Widerstand wurde organisiert und die Schuldigen genannt: Die Ratsherren, die viel zu lakonisch auf den Verfall reagiert haben, Menschen mit »verkehrt Geld« und clevere Juristen haben sich in der »Oberwelt« etabliert und haben viel Macht. Um das »Rattennest« wieder bewohnbar zu machen, wurde der Joint Venture »NV Zeedijk« gegründet.

Äußerlich hat sich die Lage inzwischen normalisiert, viele Häuser sind akkurat restauriert und für moderne Appartements gibt es lange Wartelisten. Das Zusammengehörigkeitsgefühl unter den Bewohnern ist groß, der Glaube an die Lebensfähigkeit in ihrem Viertel zurückgekehrt. Das einst stark lädierte Selbstbewusstsein ist bei Alt und Jung, Drogenabhängigen und ihren Dealern, Mädchen und ihren Zuhältern, engagierten Nonnen oder cleveren Unternehmern wieder stark und mächtig. Es ist die kleine Heimat vieler Nationen, und das Chinesenviertel, ein Mini-Kowloon, strahlt Lokalpatriotismus aus. Blickfang der fernöstlichen Kolonie ist der chinesische He-Hwa-Tempel, der erste in Europa und stolzes Zeichen für den Aufschwung. Das dörfliche Ambiente und die kleinstädtische Bürgerlichkeit stehen miteinander in Einklang. Und gesellig ist es in dem »Viertel der roten Laternen« allemal.

Schmalste Gassen führen durch das intime Viertel. Voyeure schleichen an den rot erleuchteten Schaufenstern vorbei und erschrecken, wenn ein dunkles Mädchen mit ihren Reizen lockt. Definiert wird das Unikum so: »Ich habe ein Geschäft mit einem Schaufenster, und wer sich zum Verkauf anbietet, das bin ich selber.« Früher war ja bekanntlich alles besser. Auch der Altstadt-Puff, denn es ging fast familiär zu und noch in den sechziger Jahren des letzten Jahrhunderts wurden ausgewaschene Kondome an Wäscheleinen getrocknet. Entwickelt hat sich das alles aus jenen Tabaksläden, Friseurstuben oder Wohnküchen, in denen »öffentliche Frauen« tätig waren. Heute drängen sich Männer- und Menschenmassen in den Gassen und die »Gastfrauen« erhalten die blauen Briefe vom Finanzamt. Auch die organisierte Kriminalität hat die

»Hurenkästen« als Gewinnquelle entdeckt. Einer der Ersten war Klaas Bruinsma gewesen, der in einem Bandenkrieg ermordet wurde.

Die Prostitution ist legalisiert und deren Werktätige werden von der Arbeits- und Umweltinspektion, der Fremdenpolizei, vom Gewerbeamt und Steuerfahndern überwacht. Im »Wallenwinkel« an der Oude Kerk kann man einiges dazu erfahren. Mariska Majoor hat ihn als Informationszentrum 1994 gegründet, um die Interessen der Huren zu vertreten und um das Image der Branche zu verbessern. Sie will Männer im Umgang mit Huren aufklären. Viele Typen würden sich respektlos aufführen und viel Arbeit für wenig Geld fordern. Ihrer Meinung nach haben auch Touristen und Schulklassen dringend Nachhilfe-Unterricht nötig. »Nicht zu dicht an den Fenstern vorbeilaufen, nicht fotografieren und filmen. Das ist das Mindeste, was man beachten sollte.« Am liebsten sind den Damen Kunden wie Mamas Liebling: die Haare brav gescheitelt, die Augen blank, vor allem aber frisch gewaschen.

Auf dem Höhepunkt des Amsterdamer Börsenskandals konnte ich einen Blick in den berühmtesten Club der Stadt werfen: »Yab Yum«. Dieses Etablissement befindet sich in einem herrlichen Stadtpalast am Singel. Am Eingang hängt eine grüne Laterne. Auf Taxen sehen Sie die Werbung, denn Taxifahrer, die Sie dort abliefern, erhalten eine »Fangprämie« – die in ihrem Eintrittsgeld enthalten ist. Als der Chef, Theo Heufft, sein Edelbordell verkaufte, um in den Ruhestand zu gehen, war dies ein Ereignis, das nicht nur der Klatschpresse ein Thema war, sondern auch die Wirtschaftsseiten der Tageszeitungen, »Der Spiegel« oder die »New York Times« widmeten ihm ergreifende Geschichten. Eine Institution für Filmstars, Fußballer, Börsianer, Politiker, Geschäftsleute und Kriminelle. Die Mädchen verdienten Traumgagen. Theo Heufft und seine Schweizer Ehefrau – sie stellte die Mädchen ein – wurden zu Millionären.

Im Gesellschaftszimmer, so erzählte Heufft, traf sich bei

ihm die High Society, natürlich auch Spekulanten und Anlageberater. In »entspannter Atmosphäre« wurden die Geschäfte abgewickelt. Namen hat er nie verraten, wäre ja auch schädlich fürs Geschäft gewesen. Das Haus mit dem unauffallend auffallenden Service ist nicht gerade intim zu nennen. »Amsterdam«, so der respektierte Unternehmer, »sei geradezu ideal für einen Betrieb wie er ihn führe. Amsterdam ist eine phantastische Stadt, um Geschäfte abzuschließen, denn hier ist alles möglich.« Der einzige Unterschied zum »Goldenen Jahrhundert« vor vierhundert Jahren: Damals stiefelten die Herren auf hohen Absätzen – ein Zeichen von Wohlstand – und haben sich von Musikanten ins Freudenhaus begleiten lassen.

Kulinarisches Weltdorf

Ausflug ins Reich der Essstäbchen

Die naschhaften Köchinnen, die bunten Küchenszenen und all die fröhlichen Zecher auf den Schützenbildern: Die appetitanregenden Prunk-Stillleben beweisen: Kunst und Küche sind einst eine glückliche Symbiose eingegangen. Von allem gab es im Überfluss: Erdbeeren, Aprikosen, Apfelsinen – damals Chinaapfel genannt – Zitronen, Spargel, frisches Gemüse, Fisch, Fleisch und Wurstwaren, Käse und Butter. Selbst Lachs und Austern gab es in Hülle und Fülle. In Obstplantagen wurden Kirschen, Pflaumen, Äpfel, Mirabellen, Quitten und Birnen geerntet, Salz kam von den Kapverdischen Inseln, Zucker aus den karibischen Kolonien, Gewürze aus Asien, Bier aus Hamburg, Wein von der Mosel und gutes Trinkwasser aus dem Rheinland.

Esskultur findet man überall, aber niemand hat appetitanregender Stillleben gemalt als die frühen Niederländer. »Essen« ist ein zentrales Thema. So wichtig, dass der »Erasmuspreis 2003«, der bedeutendste kulturelle und gesellschaftswissenschaftliche Preis des Landes, dessen Bedeutung durch die stolze Summe von 150 000 Euro Preisgeld unterstrichen wird, an Alan Davidson überreicht wurde. Die feierliche Verleihung fand im Bürgersaal des Koninklijke Paleis statt, den Königin Beatrix als Hausherrin großzügig zur Verfügung gestellt hatte. Der Brite Davidson hatte diesen prätentiösen Preis bekommen, weil er mit seinen kulinarisch-literarischen Werken zum Thema Seafood Kulturgeschichte geschrieben hat, schließlich haben Essgewohnheiten auch mit spirituellen Erfahrungen zu tun, um »die Seele zu füttern«.

Ein Land, das einen Kochbuchschreiber mit seinem wichtigsten Preis auszeichnet und nach dem eine Soße benannt ist, die Hollandaise, kann so schlecht nicht sein. Hinzu kommt, seit der Gründung von Amsterdam im 13. Jahrhundert war die Stadt immer Ziel von Immigranten, die auch ihre Esskultur mitgebracht haben. Anfang des 19. Jahrhunderts kamen die Chinesen. Rund um den Zeedijk wuchs die erste größte chinesische Kolonie in Europa heran. Nach dem Zweiten Weltkrieg kamen die großen Wellen von Immigranten aus den ehemaligen holländischen Kolonien wie Indonesier, Surinamer und Antillianer, anschließend kamen Gastarbeiter aus dem Magreb und später Flüchtlinge aus allen Erdteilen. Sie alle haben dazu beigetragen, dass Amsterdam ein kulinarisches Weltdorf ist, und ihre Adressen führen zielstrebig ins Unbekannte und Überraschende.

Meine einschlägigen Erfahrungen habe ich gesammelt, weil ich auch für »Der Feinschmecker« unterwegs bin. In aller Regel ist das ein Genuss. Auch, wenn die überteuerten und überlaufenen Kultstätten mich in einige Verwirrung stürzen. Billig war es noch nie, aber auch in der so genannten Hochgastronomie ist der Nepp zu Hause. Kräftig zur Kasse gebeten werden Sie rund um den Leidseplein, den Rembrandtplein, am Spui, aber auch im Herzen der Altstadt. Das liegt oft daran, dass diese Gebiete weitgehend von der Gastronomie- und Drogenmafia kontrolliert werden. In der Theatergasse Nes, der Haarlemmerstraat sowie im Jordaan, im Museumsviertel oder De Pijp gibt es angenehme Überraschungen. Einige Hotels praktizieren etwas sehr Gästefreundliches: Sie sammeln Restauranttipps ihrer Gäste – und Sie haben den Nutzen.

Abgesehen von diesen Einwänden hat Amsterdam kulinarisch einen Dreisprung getan. Qualität und Service haben sich deutlich verbessert. Alle neuen Restaurants sind mit Geschmack und gewagtem Design eingerichtet. Modern und cool heißt der Trend. Im Stil von Boudoirs – augenzwinkernd mit einem Hauch von Kitsch inszeniert – locken ungewöhnliche Szenetreffs und Restaurants. Hier in Fahrt gekommen, taucht man ein in die Incrowd-Etablissements.

Auch die regionale Küche wird wiederentdeckt. Gute einheimische Spezialitätenküche – etwa *erwtensoep* (Erbsensuppe), *boerenkool* (Schmortopf mit Kohl) oder *hutspot* (Fleisch-Ragout mit Saisongemüse) wird kaum mehr angeboten. Man sollte doch erwarten, dass es hier viele und gute Fischrestaurants gibt. Fehlanzeige. Amsterdamer essen kaum Fisch. Fisch, das ist Hering oder ein Brötchen mit Aal oder frittierter Kibbeling. Zwei Ausnahme-Restaurants gibt es doch: »Albatros« und noch besser »Visaandeschelde«.

Wenn Sie ein Restaurant betreten, dann steuern Sie nicht auf einen freien Tisch zu. Das wäre ein Fauxpas. Sie müssen warten, bis Ihnen ein Platz zugewiesen wird. Ist das Lokal voll, wird man Sie bitten, an der Bar zu warten oder später wieder zurückzukommen. So lässig Amsterdamer scheinen, Essen ist Privatsache und zu einem Fremden setzt man sich nicht an den Tisch. Das wäre Fauxpas Nummer zwei. Raucher sind auch in hiesigen Cafés und Restaurants eine aussterbende Rasse.

Es gibt also Tausende von Lunchstuben, Garküchen und Restaurants, aber welche? Auf die Bewertungen der internationalen Fressbibeln ist nur bedingt Verlass und auf Reiseführer schon gar nicht, weil dort die Angaben oft ungenau und bei Erscheinen längst überholt sind. Empfehlenswerte Restaurants finden sich in fast allen Luxushotels wie »Blakes«, »Amstel«, »Okura« oder »Barbizon«. Die Szene trifft sich vor allem in De Pijp, im Jordaan oder am Rand der Altstadt.

Sie sind nicht schlecht beraten, wenn Sie den Restaurantführer von »Iens« zur Hand nehmen – hier stehen die Bewertungen von Gästen. Oder werfen Sie einen Blick in ›Lekker Amsterdam‹ des Gastro-Kritikers Johannes van Dam. Der »Siebeck von Amsterdam« folgt seit Jahren sachverständig der bunten Szene.

Die niederländische Gastronomie lobte der Brüsseler Michelin-Chefinspektor Paul van Craenenbroeck, 22 Jahre lang Schrecken und Hoffnung der Polderland-Küchenchefs, dann schließlich doch und erlöste die hiesigen Köche damit von ihrem kulinarischen Minderwertigkeitskomplex. »Aber es war ein langer steiniger Weg«, so der Feinschmecker, »und die Nouvelle Cuisine haben sie nie begriffen und an der fusion-Küche sind sie gescheitert. Dafür haben sie wieder die Basis entdeckt: Gemüse muss nach Gemüse schmecken, eine Soße muss eine Soße sein.« Geärgert hat sich der Cheftester am meisten über die viel zu langen Pausen zwischen den einzelnen Gängen, die Verwendung von Himbeeressig, synthetischem Trüffelöl sowie billigem Balsamico, und er warnt davor, das modisch gewordene Überraschungs- oder Marktmenü zu bestellen: »Dann wird der Kühlschrank leer geräumt.«

Ein Beispiel, wie die Gastronomie mit Schwung und Dynamik ihren Weg geht, um eine eigene kulinarische Identität zu entwickeln, zeigt etwa Joachim Scheuing, der mit seiner japanischen Frau Sachiko das einzige japanische Pfannkuchen-Restaurant »Japanese pancake world« auf dem Kontinent betreibt. Die *O-Konomi-Yaki* – was soviel bedeutet wie »nach Ihrem Geschmack zubereitet« – gibt es in drei Basissorten und wird frisch auf der warmen Teppanplatte zubereitet. Der »Pfannkuchen« wird einige Zentimeter hoch geschichtet und ist mit Leckereien gefüllt. Gegessen wird mit Stäbchen. Wer es nicht so trendy mag, sollte »Vermeer«, ein klassisches Normen- und Werte-Restaurant, besuchen. Christopher Naylor kocht klassisch französisch. Besonders hip ist das 250 Plätze zählende Restaurant »Fifteen« des britischen Fernsehkochs Jamie Oliver im sanierten Lagerhaus »Amsterdam«. In diesem immer gut besuchten modernen Fresstempel am Hafen wird arbeitslosen Jugendlichen – sie tragen weiße, ihre Chefs schwarze Mützen – eine Chance gegeben, sich zu Chefköchen zu entwickeln.

Schmackhaftes bieten die chinesischen, thailändischen, karibischen, indonesischen sowie andere exotische Restaurants. Die indonesische Küche – Indisch-Chinees oder Chinees-Indisch-Surinaams heißen die Restaurants – kommt aus Bali (scharf), Sumatra (schärfer) oder Java (mild). Populär ist die *rijstafel.* Diese Reistafeln, eine holländische Erfindung, bestehen aus verschiedenen warmen und kalten Fleisch-Fisch-und-Gemüse-Gerichten, geraspelter Kokosnuss, *kroepoek* (Garnelengebäck) und allerlei Saucen, von denen die rote Pfeffersauce Sambal Oelek die schärfste ist. Alles wird in Schälchen gereicht. Dazu wählt man *nasi* (Reis), *bami* (Nudeln mit Gemüse) oder *nasi Goreng* (gebackener Reis). Als Getränk empfiehlt sich Tee, Bier oder Wasser. Amsterdamer Wasser ist gut trinkbar und nicht gechlort. Inzwischen hat die indonesische Küche an Authentizität eingebüßt. Auch das schnelle Geldverdienen ist vielen von ihnen zu Kopfe gestiegen.

Akira Oshima gilt als der fernöstliche Koch, der die japanische Esskultur im »Yamazato« populär gemacht hat. Seine grüne Paste aus der Wasabi-Wurzel, die zum Sushi gereicht wird, ist eine Delikatesse. Was an Feinem seine Küche verlässt, ist ein Genuss. Etwa *sashimi moviawase*, roher Fisch mit Sojasauce; *temara*, frittierte Langusten, oder *tohban yaki*, zartes Rinderfilet mit Gemüse, das der Gast am Tisch im Holzkohlefeuer serviert bekommt. Höhepunkt des kulinarischen Ausfluges ist *kaiseki ryori*, die festliche kaiserliche Küche. Sie gibt es in zwei Sorten. Einmal streng zeremoniell mit Tee und die etwas unkompliziertere Variante, zu der Wein getrunken wird.

Zum exotischen Ausflug in die Welt der Essstäbchen gehört

unbedingt chinesisches Essen: Sie finden es auch daheim – nur in Amsterdam schmeckt es authentischer. Dort, wo auch der Chinese aus der Nachbarschaft oder der chinesische Tourist zum Stäbchen greift, lohnt es sich meist. Zur Auswahl steht die Kanton- und Szechuanküche, die schärfer ist, weil hier Chili oder spanischer Pfeffer, der die Freude am Essen fördert und die Magensäfte anregt, reichlich angewendet werden. Eine Köstlichkeit ist *Dim Sum*, meist frittierte chinesische Vorgerichte, mit den süßsaueren Dips, und auch *Bami* mit Lachs, Thun- und Tintenfisch. Asiatische Besucher erfreuen sich an den *Nasi-*, *Bami-* oder Fleischgerichten mit gepökeltem Gemüse oder tausendjährigen Eiern.

Rund um den Nieuwmarkt und dem Zeedijk (höhere Straßennummern) gibt es einfache Speisehäuser, die oft gut sind. Wer sich nicht auskennt, für den sind die Gerichte auf Farbfotos abgebildet. Der grüne Tee sollte im Regelfall nirgendwo auf der Rechnung stehen. Wenn die Kanne leer ist, nehmen Sie den Deckel halb ab – es wird dann wieder frischer Tee serviert.

Ein Gewinn sind auch die Von-der-Hand-in-den-Mund-Spezialitäten der Surinamer, Afrikaner oder Javaner. In ihren Snackbars löffele ich gerne die köstliche Satosuppe oder esse exotisch belegte Brötchen. Überraschungen birgt ein Besuch in den Tokos, die Importartikel aus Asien, der Karibik, Indonesien oder China verkaufen: Eingelegte Sardinen, getrockneter Fisch, scharfe und milde Gewürze, Brotfrüchte, Ingwer, Pisang und vieles mehr.

Schnell und billig essen ist in Amsterdam keine Schande. Als Stadtnomade auf Zeit stehen Ihnen Suppenküchen oder Snack-Bistros zur Auswahl und bestimmen internationale Fast-Food-Ketten die touristischen Laufzonen. Wie keine andere europäische Stadt ist Amsterdam veramerikanisiert. Darauf ist man hier sehr stolz. Es gibt auch Fallafel und natürlich die frittierten Kartoffelstäbchen. Die meisten werden als *vlaams friten* angeboten. Aber das ist Nepp. Es gibt nur eine gute Adresse und vor der stehen die Fans im Voetboogsteeg geduldig an. Auch Bagels und Donuts, jene jüdischen Brötchen mit dem Loch in der Mitte, haben längst ihren festen Platz. Sie werden erst gekocht, dann gebacken, durchgeschnitten, getoastet. Traditionelle Bagels werden mit einem cremigen Käse und geräuchertem Lachs belegt. Aber es gibt sie auch mit rohem Schinken oder Pastrami, gesoßtem Rindfleisch. Typisch für Amsterdam sind die *broodjeswinkel*, von denen es mehr als zweihundert gibt. Hier werden Ihnen Brötchen *(pistolets)* belegt mit Käse, Wurst oder Schinken geschmiert. Mit einem Salatblatt heißt das dann *broodje gezond*.

Was den Briten ihre *fish and chips*, den Belgiern ihre Fritten, den Franzosen der *Croque Monsieur*, ist den Menschen hier ihre *frikadel*, ein gebackenes Fleischklößchen. Es wurde als »unveräußerliches kulinarisches Erbgut« vom »De Volkskrant« charakterisiert. Die Lieblings-Fast-Food-Spezialität sind Kroketten – frittierte Fleischklopse. Auch die Bitterballen, die im halben Dutzend gerne zum Bier gegessen werden, fallen in die Kategorie Kroketten. *Saucijzebroodje* sind ein anderer beliebter Snack. Dabei handelt es sich um ein mit Blätterteig umwickeltes Hackfleischbrötchen, das Sie auch beim Bäcker kaufen können und das warm gegessen werden muss. Die besten produzieren Kwekkeboom, Holtkamp oder Lanskroon. Kroketten können Sie auch volksnah und unkompliziert aus dem Automaten ziehen. »Essen aus der Mauer« nennt man das hier.

Schade, dass er noch nicht besungen wird. So wie es Herbert Grönemeyer mit der Berliner Leckerei macht: »Gehse inne Stadt, wat macht dich satt? ’ne Currywurst.« Verdient hätte es der *nieuwe Haring* oder *Hollands nieuwe*, der im Frühsommer an oberster Stelle der Genussskala steht, schon längst. An einem Fischstand auf einer Brücke, etwa an der Haarlemmer Schleuse oder der Prinsengracht, schmeckt der fangfrische Hering am besten. Diese Delikatesse muss man mit Blick aufs Wasser genießen und sie muss am besten direkt vor ihren Augen zubereitet werden, indem der Fisch von Haut und

Gräten befreit wird. Sie packen den Hering dann am Schwanz, beugen den Kopf nach hinten und stecken den Leckerbissen in den Mund. Gerne lassen sich Japaner dabei fotografieren. Sie können den Fisch auch in mundgerechte Happen schneiden lassen, wie es die Amsterdamer machen. Auf Zwiebeln verzichten Sie lieber, die verderben nur den Geschmack. Der junge Matjes muss silbern glänzen, nach Nordsee duften, am Grat nicht dunkelrot angelaufen sein, weder bitter noch salzig schmecken und darf nur zwischen Ende Mai und Juli gefangen werden. Was später an »neuen Heringen« verkauft wird, kommt aus dem Tieffrost – und wird dann besser mit Zwiebeln gegessen.

Ganz typisch und eine klassische Köstlichkeit ist Apfelkuchen – mit Rosinen, Ingwer, Haselnüssen oder Zimt. Zucker wurde bis zum 19. Jahrhundert in Apotheken verkauft. Der Amsterdamer liebt es süß. Sein *taartje* kauft er beim Patissier und das Festgebäck ist *tompoes*, ein aus drei Blätterteiglagen bestehendes *taartje*, gefüllt mit Vanillepudding. Bei einem Fußballsieg gibt es sie mit einer Glasur in der Farbe des Königshauses: orange.

Vielleicht werden Sie zum Essen eingeladen. Einladungen sind eine ernste Sache, weil sie selten sind und dann meist einen festlichen Charakter haben. Der Gastgeberin bringen Sie Blumen mit. Mitbringsel können aber auch feine Pralinen oder eine Flasche Wein sein. Ausgefallenere Buchgeschenke wie in Deutschland üblich, etwa für Kinder, sind weitgehend unbekannt. Dafür schätzt man Pünktlichkeit. Bei der Begrüßung geben Sie allen die Hand. Schrecken sie nicht zurück, wenn Sie mit Küsschen rechts, Küsschen links begrüßt werden. Das ist Amsterdamer Rudelverhalten und bedeutet, Sie sind akzeptiert.

Fragen Sie nicht, wie es jemandem geht, wenn Sie ihn nicht kennen. Bei jemandem, den Sie kennen, vergessen Sie nicht, ihn danach zu fragen. Duzen Sie zu Anfang auch niemanden, den Sie nicht kennen. Die Initiative dazu überlassen Sie den anderen. Später wird es gerne gesehen, wenn Sie Ihre Dienste in der Küche anbieten – was allerdings meist dankend abgelehnt wird. Das gilt auch für Männer. Meist bleibt man noch sitzen, um sich zu unterhalten, *natafelen* oder *napraten*. Und wenn man Ihnen zum Abschied sagt, dass der Abend mit Ihnen gesellig war, ist es das größte Lob, das Sie erwarten können.

Die Magier

Literarische Schicksalsgemeinschaft

Einmal habe ich ihn sogar todernst erleben können, obwohl er wunderbar lachen kann. Nicht weit von seiner Wohnung, als er mit seiner Frau Sjoerdje über die Kleine Gartmanplantsoen spazierte. Wie immer war er, den man »den Goethe vom Leidseplein« nennt, feiner gekleidet als all die Menschen, denen er begegnete, und machte seinem Namen als »der letzte Gentleman« der niederländischen Literatur alle Ehre. Er trug eine schöne dunkelblaue Jacke, einen roten Schal und aus dem Mund ragte seine Pfeife, ohne die man sich Harry Mulisch nicht vorstellen kann. Sein Haar ist nicht mehr mit der Sorgfalt gekämmt wie einst, vielleicht, weil es schütterer und grauer geworden ist. Dafür ist sein Gang immer noch aufrecht und stolz. Die Galionsfigur der Amsterdamer Literatur-Szene gilt als lebender Beweis dafür, dass ein Bestsellerautor auch im hohen Alter noch unverwüstlich ist.

Früher habe man ihn öfters gesehen, als er noch Gast im Art-Déco-Café »Américain« war, wo er an der Lesetafel die Tageszeitungen durchblätterte. Von dem berühmten Stammgast wird gerne erzählt, hin und wieder sei der Boy mit der Schiefertafel, auf der die Worte »Telefon für Mulisch« standen, im Saal aufgetaucht. Der literarische Frühaufsteher hatte ihn bestellt, um damit einen gewissen Eindruck zu schinden. Es war die Angst, schnell vergessen zu werden. Heute ist Mulisch längst Literaturgeschichte.

Eine Rolle in der Literaturszene spielen Cafés, in denen sich viele, die sich mit ihr verbunden fühlen, treffen. Sitzen da wie Emissäre einer Zeit, in der das Außen vorbeisaust. Sie alle, die genauso trink- wie schreibfest sind, wollen Teil der vertrauten Welt sein, die ein Glück auf Gegenseitigkeit verspricht. Hier lösen sich die Zungen, wird diskutiert, gelacht, gelästert, Neuigkeiten sowie Skandälchen aus der Szene ausgetauscht. Alle sind in diesen Momenten gute Bekannte, selbst die, die sich nicht mögen. Wer nichts zu sagen hat, ist selber schuld. Ein geschlossener Kreis, zu denen ein Fremder kaum Zugang hat. Im »Welling« und »De Zwart« trafen und treffen sich Literaten, Kritiker, Lokalpolitiker, Journalisten, Büchermacher und jene, die es noch werden wollen. Schöne, beruhigende Zeiten, als die Szene wie unter einer Glasglocke geschützt war.

Ich erfuhr, wie Kultur aus dem Gespräch, der Geselligkeit und dem Kompromiss entstehen kann. Hier hört man, welcher Lektor, Kolumnist oder Redakteur etwas taugt, welche Vorlieben Jurymitglieder haben, wer welchen Literaturpreis bekommen wird – obwohl Preise der Geheimhaltung unterliegen. Eine literarische Kneipentour gibt es (noch) nicht.

Die feierlichen Buchpräsentationen sind ein sich regelmäßig wiederholendes Ritual. Die Verlage geben sich die größte Mühe und scheuen keine Kosten. Da werden Kritiker und Buchhändler zum luxuriösen Dinner ins Grand Hotel geladen oder in die Künstlervereinigung am Rokin. Weit verbreitet sind auch Empfänge in den Verlagsstuben. Meine erste *gezellige borrel* war bei Querido. Die Präsentation eines neuen Buches verläuft nach ganz ähnlichen Verhaltensmustern und Strukturen wie eine Party. Auch in diesen kulturellen Kreisen fällt den Gästen zunächst vor lauter Anlaufschwierigkeiten kaum etwas

Sinnvolles ein: »Hi, schön, dass du da bist« – »Okay, ich sehe dich später« – »Alles gut mit dir, gut so« – »Bis gleich, du gehst doch noch nicht?«

Die ersten Minuten stehen wir alle verloren herum. Die Hände werden feucht, das Herz schlägt schneller. Wein oder Bier gehen weg wie warme Semmeln als Schmiermittel für einen Smalltalk. Die ersten Gäste gehen, aber erst, nachdem sie dem gefeierten Autor ihren Spruch aufgesagt haben: »Ich wollte dir gratulieren.« Der Verleger präsentiert das Buch, lobt Autor und Werk und hofft, dass es sich gut verkaufen werde.

Als ich nach Hause komme, werde ich gefragt, ob es *een gezellige borrel* war. »Wieder viel zu viel Volk.« – »Aber das sagst du doch jedes Mal, warum gehst du immer wieder?« – »Weil ich eingeladen werde.« – »Aber du musst doch nicht gehen?« – »Es wird erwartet, dass ich komme.« – »Wer will dich denn so dringend sehen?« – »Na ja, der Autor.« – »Hast du ihn denn getroffen?« – »Nein, er war ständig umlagert, musste persönliche Widmungen schreiben.« – »Und warum kommst du dann erst jetzt?« Schweigen.

Die literarische Tradition Amsterdams war schon Karl Marx aufgefallen. Der Vater des Marxismus war mit der Philips-Familie verwandt, die ihn finanziell unterstützte, etwa als er das ›Kapital‹ schrieb. Bei einem Besuch in der Stadt, im Jahre 1868, lobte Marx, der Niederländisch sprach und las, die große Auswahl an Buchläden, in denen er »Bücher in 88 modernen Sprachen« sah.

Während des Dritten Reiches war die Stadt auch Zufluchtsort von Schriftstellern und Künstlern aus Deutschland. Ein Maler wie Max Beckmann hatte auf dem Rokin sein Atelier und war sehr produktiv. Es wurden Exilverlage – etwa Allerd de Lange oder Querido – gegründet. Bei Querido erschienen deutschsprachige Titel etwa von Heinrich Mann, Konrad Merz, Franz Werfel, Alfred Döblin, Joseph Roth, Egon Erwin Kisch, Bertolt Brecht sowie Stefan Zweig. Auch Erika und Klaus Mann, Kinder von Katia und Thomas Mann, waren nach Amsterdam emigriert. Klaus Mann schrieb hier 1933 den Roman ›Mephisto‹, der 1936 bei Querido veröffentlicht wurde. Das umstrittene Buch über die Theatergeschichte unter Hitler wurde 1968 in der Bundesrepublik verboten. Bei Querido hat Mann auch die Literaturzeitschrift »Die Sammlung« herausgegeben, bei der zahlreiche Flüchtlinge ihre Texte veröffentlichten. Darunter Wolfgang Cordan aus Berlin, der in Erika Mann verliebt war, und Hans Renders, der in seinem Buch ›Verijdelte Dromen‹ (Vereitelte Träume) über das surrealistische Abenteuer zwischen »De Stijl und Cobra« sinnierte. Cordan war als »surrealistischer Guerilla« aktiv und fiel vor allem durch seine Prosa auf. Bereits sechs Jahre nach dem Krieg wurde von couragierten Amsterdamern und Deutschen die Literarische Zeitschrift »Castrum Peregrini« gegründet. Ein Unternehmen, das man nicht genug würdigen kann. »Diese Zeitschrift verkörperte eine vom Nationalsozialismus abgeschnittene, in diesem Falle nur unterbrochene Tradition deutschen Geisteslebens, für die es im Nachkriegsdeutschland keinen Raum gegeben hat«, schrieb Michael Philipp zum 40-jährigen Jubiläum der ungewöhnlichen Publikationsreihe, deren Sitz noch immer die Herengracht ist.

Der Anblick der meisten Buchläden trügt. Handelt es sich dabei doch in erster Linie um Antiquariate. Ansonsten hält sich die Zahl der Buchläden in Grenzen. Die Menschen leihen in Bibliotheken, lesen immer weniger, auch weniger ausländische Literatur. Ein Schicksal, das die französische und deutsche Literatur sich mit der holländischen teilt. In diesem Nischenmarkt behauptet sich seit 1989 die »Weiße Rose«. In dem Buchladen für deutschsprachige Literatur wird die Tradition der Lesekultur gepflegt.

Amsterdamer Verleger haben einen sehr wachen Sinn fürs Geschäft. Die cleveren Leute aus den Verlagshäusern vermarkten ihre Bücher wie Käse und Butter. Der Erfolg verblüfft die Meinungsmacher nicht. Der Literaturkritiker Hans

Renders sagte: »Unsere Autoren schreiben in einem lockeren, selbstironischen Ton, nicht so bedeutungsschwer und hypersensibel wie Deutsche.«

Autoren, die bisher nichts vom Nachbarn wussten und nichts wissen wollten, Deutsch war obsolet, lernten, wie Geert Mak, in Schnellkursen Deutsch. Der Nachbar war ihnen plötzlich näher gekommen. Viele von ihnen hatten plötzlich mehr publizistischen und finanziellen Erfolg als im eigenen Land. Ohne Ende reisen sie nun durch deutsche Lande und können nicht genug bekommen, Ruhm und Geld locken. Manche kommen geläutert zurück: »Deutsche sind ja gar nicht so dumm, dick und grob, Humor und Witz haben sie auch.«

»So gab es wieder einmal viel zu wenig Stühle in der Berliner Kulturbrauerei. Hunderte Besucher waren gekommen, um den Romancier Adrianus F. Th. van der Heijden zu hören«, berichtete die Tageszeitung »Trouw« ihren Lesern. Die Amsterdamer Journalisten waren erstaunt, wie offen und liberal Deutsche sind. Das hatten sie nicht erwartet. Verwundert stellten sie fest: »Eindrucksvoll ist es, wie viele Bücher ins Deutsche übersetzt werden. Von van der Heijden wurde der komplette, fast 4000 Seiten umfassende Zyklus ›Die zahnlose Zeit‹ übersetzt.« Kein Wunder, »diese Romane stellen das Gedächtnis einer Epoche dar«, sagt Christoph Buchwald, der sie in Deutschland herausgibt.

Es stellt sich die Frage, ob deutschsprachige Leser an der Nase herumgeführt werden, weil ihnen schlechte Bücher verkauft werden, die dank begnadeter Übersetzer lesbar gemacht wurden? Die Legende will, dass Bestseller-Autoren wie Harry Mulisch, Cees Nooteboom, Connie Palmen oder Leon de Winter sich im Deutschen besser lesen als im Original.

»Bei der ›Entdeckung des Himmels‹ von Mulisch habe ich mächtig geputzt«, erzählt mir Christoph Buchwald, der bei Hanser Lektor war. »Der Amsterdamer Verlag war entsetzt, als er hörte, dass ich Mulisch kräftig überarbeitet hatte, aber Harry war sehr kooperativ.« Buchwald leitet heute gemeinsam mit seiner Frau Eva einen eigenen Verlag Cossee an der Prinsengracht. Er erzählt, zu Beginn, als die niederländische Literatur in Deutschland populär wurde, seien manche miserable Übersetzungen abgeliefert worden. »Ich habe den Autoren immer angeboten, in ihrem System mitzudenken, ihr Text musste stimmig sein, logisch ineinander stecken. Man könne nicht Wort für Wort übertragen. Meine Autoren haben sich der Tortur unterzogen, Stück für Stück«.

Überhaupt, die Übersetzer, die ihr Handwerk auf hohem Niveau ausführen. Sie sind ein Glücksfall und ein Gewinn für die niederländische Literatur und ihre Arbeit kann nicht stark genug gewürdigt werden. So wurden viele Romane attraktiver. Helga van Beuningen, eine der einfühlsamsten Übersetzerinnen, erzählte einmal, dass ›Mokusei!‹ von Cees Nooteboom gleich drei literarische Stilniveaus besser übertragen worden sei und der Autor überrascht ausgerufen habe: »Ich bin doch kein Rilke.«

Auch Buchwald hat derartige Erfahrungen gemacht. Weil er das niederländische Original nicht kannte, legte er bei seiner Lektorentätigkeit die strengen deutschen Maßstäbe an. Das Geheimnis für den Erfolg der Amsterdamer Autoren kann aber nicht nur in gelungenen Übersetzungen und penibler Lektoratsarbeit liegen. Buchwald: »Am Beispiel von Mulisch liegt das auch in der Thematik. Seine differenzierten Darstellungen rund um den Zweiten Weltkrieg. Er weiß viel von Mitteleuropa, verfügt über ein immenses Wissen und ist ein Meister seines Stils. Mulisch und Nooteboom denken auch europäischer als andere Holländer.«

»Deutsche Übersetzer übertragen eine sprachliche Stufe höher, sie sind literarischer, als wir es je waren, da sie auf eine große literarische Tradition bauen können, die sich mit der unseren nicht vergleichen lässt«, erklärte mir Rudi Wester vom Literaturfonds, der inzwischen in Paris die Autoren vermarktet. Das erklärte Ziel des Fonds ist: »The winner is…« Harry Mulisch, Hugo Claus, auch Hella Haase stehen seit Jahren auf der Kandidatenliste für den Nobelpreis für Literatur. Beim Propaganda-Institut, das der hiesigen Literatur Weltgeltung verschaffen soll, wird nichts dem Zufall überlassen.

Wo der Literaturbetrieb zu einem Karussell der Patronage geworden ist, bleiben Fehltritte nicht aus – wie der Fall eines einflussreichen Literaturkritikers der Tageszeitung »De Volkskrant« gezeigt hatte. Gewissenhaft hatte er seine Arbeit getan und die Glaubwürdigkeit der literarischen Kritik infrage gestellt. Aber was macht das aus, wenn mit Raffinesse das Ziel erreicht wird? So hatte er in seiner Zeitung süffisant vernichtende Kritiken geschrieben – dieselben Bücher wurden von ihm jedoch in den Blättern »Six Books« und »Nieuwsbrief« vom Literaturfonds mit allzu flotten Sprüchen bejubelt.

»Es macht keinen Sinn, Verlegern negative Rezensionen zu schicken«, verteidigte Rudi Wester den Skandal. Die im Magazin »Six books« hochgejubelten Bücher sollen Herausgebern und Literaturagenten »Appetit auf unsere Autoren machen«, so Wester, und »jeder Literatur-Kritiker müsse sich den unterschiedlichen Kunden anpassen«. Daher musste der Kritiker Texte schreiben, die einen »objektiven, werbenden und positiven Charakter haben«. Verleger Metz sagte mir dazu, »natürlich kann so etwas nicht akzeptiert werden, aber wir haben ein komparatives Gewissen«.

Die Namen der Opfer dieses korrupten Verständnisses sind prominent. Leon de Winter, Renate Dorrestein, Tessa de Loo, Adriaan Morriën sowie der sprachgewaltige Flame Hugo Claus zählen dazu. Über den Bestseller ›Der Zwilling‹ von Tessa de Loo urteilte Peters: »Eine dumme Darbietung, die an der wirklichen Problematik vorbeigeht.« In »Six Books« lobte er das Werk als »große Erzählung«. »NRC Handelsblad« urteilte: »Rezensenten, die die Bücher von Freunden loben und die ihrer Feinde vernichten, sind unglaubwürdig.«

Amsterdam war um eine Literatur-Affäre reicher. Manipulationen sind in der Autorenszene nicht neu. In den vierziger Jahren des letzten Jahrhunderts erlebte dies auch der Essayist Siegfried E. van Praag. Eines seiner berühmtesten Werke war ›Jerusalem des Westens‹, die Geschichte der Amsterdamer Juden. Der Kritiker, so ist es in dem Buch ›Jung in den Jahren 30‹ nachzulesen, mochte den Schriftsteller nicht und schrieb vernichtende Kritiken über seine Arbeiten. Als van Praag bei Querido als Lektor arbeitete, hatte er nur noch schöne Rezensionen des betreffenden Kritikers gelesen. Van Praag: »Damals habe ich die literarischen Sitten kennen gelernt, selbst im netten Niederland.«

Am Beispiel Nooteboom erfüllt sich der alte Spruch, dass der Prophet im eigenen Land nichts gelte. Vielleicht ist nur Missgunst im Spiel. Der Amsterdamer, den ich noch von seinen Reisestorys aus dem verblichenen Lifestyle-Magazin »Avenue« kenne, sagte, dass er, was die Anerkennung betrifft, »in seinem Land nicht gerade verwöhnt« werde und mit Vorurteilen leben müsse. »In Deutschland sind die Reaktionen anders, das ist wohltuend.« Kurz darauf war in »Vrij Nederland« der Brief ›An meinen Feind‹ zu lesen. Darin kanzelte die Publizistin Antoine Verbij Nooteboom ab: »Ihr geschwollenes Gerede über Berlin verdirbt mir den Geschmack an dieser Stadt. Darum bin ich Ihr Feind.« Verbij prangerte die »hysterische Bewunderung« der Deutschen für Nooteboom an und beschrieb dessen siebzigsten Geburtstag in der »Weinstube« in Charlottenburg: »Die Gesellschaft trinkt exquisite Marcs, der Philosoph Safranski liest ein Gedicht von Gottfried Benn vor. Die Atmosphäre ist devot, alle loben den Jubilar, den göttlichen Trank und sich selber.«

Dann der Triumph. Im Sommer 2004 erhielt der 70-Jährige den *hoofdprijs*, den hoch dotierten Literaturpreis. Sein Freund Hans van Mierlo, der frühere Außenminister, sagte in seiner Festrede: »Ein nationales Gefühl von Erleichterung und Zufriedenheit mit einem Schuss Unbehagen.« Nooteboom bedankte sich mit sanfter Ironie, er habe diesen wichtigen

Preis doch nur bekommen, weil er bereits in anderen Ländern hohe Literaturpreise erhalten habe, in Deutschland etwa den Goethepreis und in Österreich den Staatspreis. In den Literaturkreisen gilt es nicht als schick, darüber zu klagen, dass man noch keinen Preis erhalten hat. Connie Palmen hingegen schreibe Romane nur, um Preise zu bekommen, wird gelästert.

Sie kommen alle in das Stadttheater am Leidseplein. Die literarischen Frühaufsteher und Bestsellerautoren, die Bewegung in den Literaturmarkt gebracht haben, die Verleger und Politiker. In großer Zahl auch die unelegante Amsterdamer Gesellschaft. Alles zusammen verlieh dem Ganzen basarhaften Rummel, und doch ist »alles wie bei den Maifeiern auf dem Roten Platz streng inszeniert«, weiß Szene-Kenner Hans Renders.

Auf diesem Markt der Eitelkeiten wird der Eigenwert getestet, beklagen sich die Trinkfreudigen, der Genever sei wieder teurer geworden, während der Rest der Gesellschaft sich ungehemmt ins Gewühl stürzt. Der strahlende Mittelpunkt ist Harry Mulisch. Er darf als Erster den Saal betreten. Dann lüftet sich auch das Geheimnis: Wird er von seiner Frau und seiner Freundin begleitet oder doch nur von einer von beiden. Manch einer hat eine Flasche Rotwein verwettet. Alles dreht sich um Harry und ganz Clevere drängen sich hinter ihm – die größte Chance, im Fernsehen zu sehen zu sein.

Die flanierende Konversation ist beeindruckend. Der Duft von Liederlichkeit schwebt über dem »Bücherball«, das gesellschaftliche Ereignis der literarischen Gemeinde. Normale Leser, die nie die Chance erhalten, daran teilzunehmen, sehen dieses Ereignis als eine Champagnerorgie der Bohemiens. Wenn Harry das Fest mit Gefolge verlässt, ist offiziell Schluss. Ein harter Kern tanzt in die Morgendämmerung hinein und baut unterdessen die aufwändige Dekoration ab. Es gehört zur Tradition, dass die Gäste den Schmuck mitnehmen. So werden die Abbruchkosten gespart.

Dunkle Zebras

Blühender Kosmos von Zuwanderern

Der Mann explodiert vor Optimismus. Und er kann erzählen. Wie ein Wasserfall. Adjiedi Bakas beherrscht die Kunst der Konservation. Amsterdamer sind keine geübten Smalltalker, sie beschränken sich aufs Notwendigste. Aber Bakas, in der alten Kolonie Surinam geboren, der sich wie viele seiner Landsleute einbürgern ließ, beherrscht diese Kunst. So als würde er von einem sonnigen Reaktor gespeist. Er hat einen scharfen Humor, wenn er von Amsterdamern, Rassismus und Integration redet.

Adjiedi Bakas lebt davon, dass er wie ein Prediger Hoffnungen verkaufen will. Er gilt als »Fähnleinführer« des »Projektes Integration«. »Wer nicht lacht, darf kein Verkäufer werden«, ist sein Leitmotiv und danach handelt der Direktor von Dexter Kommunikation. Bakas zählt sich zu den Bobos, dem Typ der »bourgeoisen Bohemiens«, die Reichtum, beruflichen Erfolg und nonkonformistische Haltung erfolgreich kombinieren können. Bakas hat im richtigen Moment die Chancen ergriffen, die sich ihm boten, um Politiker und Manager bei der Beziehungen zwischen Allochthonen und Autochthonen zu beraten. Seit der Ermordung des Filmemachers Theo van

Gogh, zu dessen Freundeskreis auch Bakas zählte, sind diese Begriffe auch in Deutschland angekommen: Allochthone sind für Niederländer, die sich selber Autochthone, Ureinwohner, nennen, die Ortsfremden. Das Wort »Allochthone« schillert zweideutig. Einerseits will man politisch korrekt sein, indem »Ausländer« vermieden wird, andererseits suggeriert das Fremdwort etwas Fremdes, das man von sich fern halten will. Die Hinrichtung eines Autochthonen, Theo van Gogh, durch einen Allochthonen, Mohammed Bouyeri, hat das Selbstbild einer multikulturellen Stadt arg beschädigt. Aber der Optimist Adjiedi Bakas sagt uns, den Mord solle man nicht symbolisch überhöhen. Es werde keinen Religionskrieg geben, wohl haben die Angst und die Verunsicherung vor dem Fremden zugenommen. Das liege aber zum großen Teil auch an den rechten Politikern, die Angst verbreiteteten. Trendforscher Bakas: »Wir leben in einer revolutionären Stadt.« Amsterdam als Laboratorium für neue Ideen.

Als ich bei Bakas auf einem Empfang war, konnte ich mich von der Güte seiner Auftraggeber überzeugen: Zwei Minister, mehrere Stadtväter, Banker, Industriebosse sowie Fernsehgrößen. Der Mann ist Kult und besitzt in gesundem Maße jene Eigenschaften, die ein erfolgreiches Bestehen in solchem Umfeld ermöglichen: Ausdauer, Temperament, Bauernschläue und Selbstvertrauen in das eigene Tun und in das seiner Mitarbeiter.

Der clevere Geschäftsmann und überzeugte Homosexuelle ist ein Glückspilz und sieht sich als Vorbild gelungener Integration in einer egalitären Gesellschaft wie sie Amsterdam darstellt, die nicht mehr als »typisch niederländisch« gilt. Vierundfünfzig Prozent aller Einwohner sind bereits ethnischer Herkunft. Bald werde jeder zweite Bewohner aus integrationsschwierigen Ländern stammen. Die wenigsten Einwohner könnten aufzählen, welche Nationalitäten in ihrer Stadt in großer Zahl vertreten sind. Oben auf der Liste stehen rund 90 000 Surinamer, gefolgt von 75 000 Marokkanern und

35 000 Türken. Und dann? Indonesier, Afrikaner, Antillianer, Chinesen, andere und zahllose Illegale.

In seinen elegant eingerichteten Räumen mit Blick auf Het Ij – die kostbare Einrichtung hat er von einem indischen Maharadscha erworben – erzählt Bakas mir enthusiastisch: »Wir haben eine Chance, wenn endlich Schluss mit dem Pampern von Ausländern ist. Das widerspricht dem gesunden Menschenverstand, Einwanderer darf man nur aus wirtschaftlichen Gründen hereinlassen und sie müssen in ihrer neuen Heimat kulturell kompatibel sein.« Außerdem müssten »die Kulturen der Abhängigkeit und der Unselbstständigkeit« aufgebrochen werden. »Ich habe erfahren, was hier möglich ist, wenn man nur aus seinem Getto raus will.«

Bei Zuwanderern stellt er präzise Feinabstufungen fest: Ganz oben stehen Surinamer und westliche Ausländer und ganz unten die Flüchtlinge aus dem Magreb, Schwarzafrika, Drogen- und Mädchenhändler. »Die multikulturelle Gesellschaft besteht nicht. Wir sind monokulturell und werden das bleiben, müssen die Stärken und ihre Fähigkeiten pushen, wollen wir noch etwas retten«, legt mir Bakas dar und nennt Beispiele, die wohl nur einer wie Adjiedi Bakas geben darf, ohne des Rassismus verdächtigt zu werden. Er sagt, dass »ich Deutsche hoch schätze und ihr Land liebe, den Reichtum, ihre Kultur« und erzählt so locker von »Negern und Schwarzen«, als ob diese Worte nicht schon abgeschafft worden wären, wenigstens als politisch opportune Begriffe.

Bakas ist überzeugt, Lachen sei der kürzestete Weg zur Integration. Vor allem in Mischehen sieht der Trendwatcher einen Weg. Bakas: »Nach oben schlafen ist eine große Chance.« Dabei verweist er auf all die farbigen Frauen, die es geschafft haben. »Dieses motivierte Mischblut mischt die Szene auf, kleidet sich luxuriös elegant, macht die Cover der Modezeitschriften auflagenstark, beherrscht die Discos, bringt Rhythmus nicht nur ins Musikleben.«

»Ihr werdet euch der multiethnischen Gesellschaft öffnen

müssen. Ethnisch gemischte Ehen werden häufiger und Zebrakinder auch.« Überhaupt das dunkle Zebra. Es ist Bakas Lieblingswort. Auch er sieht sich als ein dunkles Zebra. Wie bitte? »Ich komme aus einer Zebrafamilie und führe selber eine Zebraehe. Mein Partner ist Deutscher.« – »Dunkle Zebras?« Adjiedi erklärt: »Zebras sind ethnisch-kulturelle Mischehen, ihre Kinder sind Zebrakinder und Kinder aus gemischten schwarzen Ehen sind schwarze Zebras, so wie ich.« Der Trendwatcher rät mir, Bijlmermeer einmal aus diesem Blickwinkel anzugucken.

Verglichen mit Berlin oder Paris ist die Amsterdamer Metro ein Zwerg, nur 43 Kilometer lang, und die Strecken verlaufen vor allem überirdisch. Auf den Bahnhöfen tummelt sich viel Sicherheitspersonal, nach 22 Uhr sollte man nicht mehr allein fahren, rät das Sicherheitsbüro der Verkehrsbetriebe. Schon in der Metro 54 in den Vorort kann ich an den Mitreisenden ablesen, wie sich die Gesellschaft mit jeder Station verändert.

An den Grachten sehe ich »Allochthone« nur, wenn die Müllwagen kommen, als Zeitungsausträger, Postboten, Putzhilfen oder Kindermädchen. Nachdem das Land zum Abschied von seinen Kolonien – der Verlust von Indonesien bedeutete einen herben wirtschaftlichen Verlust für Amsterdam – gezwungen wurde, kam die Mehrheit der Immigranten aus dem indonesischen Inselreich. Nach der Unabhängigkeit von Surinam kamen Surinamer, später Antillianer von den Niederländischen Antillen. Amsterdamer wollten die gesellschaftliche Veränderung nicht sehen. Es kam zu Gettobildungen. Mit Kreolen und Molukken gab es erste rassistische Krawalle. Später spülte die Weltpolitik Zuwanderer aus dem Magreb, Afrika, Osteuropa und anderen Staaten in die Stadt.

Während wir Deutsche uns mit der zertrümmerten Vergangenheit intensiv auseinander setzen, haben Amsterdamer ein recht ungestörtes Verhältnis zu ihrer Kolonialgeschichte. Bei Themen wie Kolonialismus, Sklaverei oder der Einführung der Apartheid plagen sie keine Selbstzweifel. Sie glauben, dass sie die besseren Kolonialherren waren, obwohl zahlreiche Untersuchungen das Gegenteil belegen.

Das heiße Eisen zu erwähnen galt bis vor kurzem als politisch unkorrekt. Der Publizist Paul Scheffer hatte in seinem Essay ›Das multikulturelle Drama‹ erstmals davor gewarnt, dass ganze Generationen von Ausländern zurückgeblieben seien, weil die Schwierigkeiten verniedlicht worden seien. Das Ergebnis sei Armut, Arbeitslosigkeit und Kriminalität in ihren Milieus.

Die Trabantenstadt beginnt dort, wo die Trostlosigkeit ein anderes Aroma hat. Mit ihren 85 000 von insgesamt 735 000 Einwohnern gilt sie als die »schwärzeste Stadt« Europas und spiegelt ein Bevölkerungsgefüge wider, so heterogen wie nirgendwo sonst in Amsterdam. Bijlmermeer war nach dem Vorbild Le Corbusiers als moderne Stadt entworfen worden, in der Arbeiten, Wohnen, Freizeit und Einkaufen deutlich voneinander getrennt wurden. Die idealistischen Pläne der Städteplaner wurden zum Fiasko und das Viertel gilt als Waterloo des Visionisten.

In dieser Gartenstadt bin ich oft gewesen, etwa als sie 1992 weltweit Schlagzeilen gemacht hatte. Zum ersten Mal in der Geschichte der zivilen Luftfahrt war ein Jumbo in ein Wohngebiet abgestürzt. Eine Gedenkstätte rund um den Baum »der alles gesehen hat« erinnert an die Opfer. Damit schien der Fall abgeschlossen. Dann aber wurden die Fragen lauter.

Untersuchungsausschüsse und Kommissionen sollten das Geheimnis des mysteriösen El-Al-Fluges LY 1862 lüften. Hausarzt Nizaar Makdoembaks, der Patienten mit rätselhaften Krankheitsbildern behandelt hatte, erzählte mir: »Zuerst waren es kleinere Verwundungen, Glassplitter, Brandwunden. Später wurden die Krankheiten ernster.« Makdoembaks sprach von Fehlgeburten, Missbildungen. Dass diese Affäre eine Art staatspolitischer Musterprozess werden würde und nicht nur die freundschaftlichen Beziehungen mit Israel, sondern auch das Vertrauen der Bürger in ihre Politiker gefährdete, damit hatten die Regenten nicht gerechnet. »Bijlmergate« war ein nationaler Skandal. »Holland Bananenrepublik«, schrieb »Le Monde«. Obwohl der Jumbo explosive und giftige Stoffe an Bord gehabt hatte, behauptete das Verkehrsministerium immer wieder, es habe sich um »Blumen und Parfüm« gehandelt. Auch stellte sich heraus, bei dem Unglücksvogel habe es etwa hundert technische Mängel – so genannte carry overs – gegeben.

Dass El Al militärische Flüge über Schiphol abwickelt, kam offiziell erst Ende 1997 heraus. Rabbiner Awraham Soetendorp sagte dem »NRC Handelsblad«, Schiphol sei für das Überleben des Staates Israel lebensnotwendig, und er zeigte sich davon überzeugt, diese Militärtransporte hätten den Sechstagekrieg 1967 und den Jom-Kippur-Krieg 1973 entschieden.

Seit jener Katastrophe gilt dem Stadtteil viel Aufmerksamkeit. Das Viertel wird erneuert und heißt offiziell Amsterdam-Zuidoost. Verbunden ist damit die Hoffnung, dass hier eine funktionierende multi-ethnische Gesellschaft Wirklichkeit werde.

An der Station Bijlmer stehen zahlreiche Mädchen und Frauen mit luftigen und strengen, farbigen und schwarzen Kopftüchern. Ich begegne Gruppen von Kindern: chinesisch, tiefschwarz, hellbraun, indonesisch. Wie in der alten Benetton-Reklame. Ich höre, wie sich die Sprache verändert. Vom Niederländischen ins Arabische, Papiamento, afrikanische Sprachen. Aus einem geöffneten Fenster dringen übersteuerte Gesangs-Melismen. Ich bleibe stehen, um zu horchen, werde verjagt, mit Argwohn betrachtet. Ich glaubte, nicht sonderlich aufzufallen. Aber ich bin weiß, also reich. Sie sind schwarz und fast ohne Hoffnung. Ein lässiger Ort bei Licht, bei Dunkelheit eine Wildnis.

Wo Surinamer leben, ist immer Trubel. Ein Mal jährlich, im Sommer, wird mit dem Festtag »Keti Koti« – der Tag, an dem die Ketten zerbrochen wurden – an das Ende der Sklaverei erinnert. Höhepunkt ist das »Kwakoe-Festival«. Es ist das größte Multikulti-Fest seiner Art in Europa. Kwakoe bedeutet Mittwoch in Ashanti. Es ist die Sprache jenes afrikanischen Stammes, aus dem die Vorfahren der Negersklaven kommen. Kinder, die an diesem Tag geboren werden, werden in der Regel Kwakoe getauft. Ein Familienfest. Die Frauen in den grell bunten Kotos und Angisas, der traditionellen Kleidung, sehen prächtig aus. Es gibt afrikanische oder karibische Spezialitäten, Fußball, Musik und farbenfrohe Tänze.

Im Viertel leben Hindus, Javaner, Creolen, Ghanesen, Somalier, Waldneger sowie Tausende von Illegalen. Jede Gruppe kennt ihre eigene Cafés, Diskotheken, Kulturvereine. Auf dem Markt beim Einkaufszentrum Ganzenpoort ist die Atmosphäre wie in einer karibischen oder afrikanischen Stadt. Exotisches Gemüse, Fische, deren Namen ich noch nie gehört habe, gebackene Entenfüße, geräucherte Schweineschwänze. Hedonistische Gefühle? Ich bin unter all den Farbigen die weiße Ausnahme. Die Afroindustrie floriert, blüht in Boutiquen und den black-hair-Friseursalons.

»Jede Woche«, so legt mir Corinne bei ihrem Friseur auseinander, »lasse ich hier meine Haare waschen, föhnen und mit einer Zange glätten. Haar ist doch ein Schmuckstück, oder?« Trendwatcher Bakas hatte mir erklärt, Neu-Amsterdamer würden mehr Geld für gutes Essen, luxuriöse Dinge oder schöne Kleider ausgeben als Alt-Amsterdamer, »Lebensqualität geht ihnen über alles«.

Es scheint, als ob das ganze Viertel auf der Suche nach Erleuchtung sei. »Hosianna. The king is back.« Ausgelassen singen und beten die ghanesischen Christen der Pentecost-Revival-Church-Gemeinde im Gottesdienstsaal am Kromwijkdreef. Jubelnd und stampfend reihen sich die Gläubigen zur Polonaise auf. »Praise the Lord.« Die Frauen in traditioneller Kleidertracht drehen sich zur Musik von Congatrommel und Tamborien in Trance. Gott zu preisen macht einen Heidenlärm. Gepredigt wird in Sprachen wie Ibo, Twi oder

Ga. Ihre Gebetsräume sind Garagen, Bürohäuser oder Wohnungen. Alle Gemeinden klagen über Platzmangel. Die Stadtplaner hatten keine Kirchen vorgesehen. Als das Viertel mit seinen erschütternd hässlichen Betonsünden entstand, waren die traditionellen Kirchen auf dem Rückzug, wurden im Land christliche Kirchen geschlossen, verkauft, abgerissen. Niemand hatte geglaubt, dass hier einmal Immigrantenkirchen aus Nigeria, Äthiopien, Uganda, Ghana, Angola oder Surinam eine neue Heimat finden sollten. Die Gemeindemitglieder geben viel Geld aus und sind sehr aktiv.

Mavis, die vor zwölf Jahren aus Surinam kam und der Pfingstgemeinde angehört, geht jeden Freitag und Sonntag zum Gebetssaal, Samstag ist Chorstunde und alle zwei Wochen macht sie sauber, denn »Gott schaut uns zu«.

Im Einkaufszentrum Ganzendreef komme ich mit einem Einwanderer aus Kamerun ins Gespräch. Der 40-Jährige fühlt sich hier wohl: »Wenn es nur nicht immer so windig wäre.« Kummer bereiten ihm andere Illegale, die bei ihm im Haus wohnen. Dabei handelt es sich vor allem um Ghanesen, die über ein soziales Netzwerk verfügen: »Viele folgen der Großfamilie und es kommt zur Ketten-Immigration.« Ich erfahre, wie ein Illegaler »unsichtbar« leben kann. Mit den Papieren seiner Gastgeber oder gefälschten Dokumenten kann er eine Arbeit finden. Der Arzt wird cash bezahlt. Flüchtlinge, die Sozialhilfe erhalten, verdienen gut, indem sie ihre Wohnungen untervermieten oder ihre amtlichen Papiere »ausleihen«. Der Handel floriert mit Gebrauchtwagen, Frauen, Kühlschränken, Drogen. Die Kreativität blüht. Es gibt Erfolg versprechende junge Künstler, Musiker, Autoren, Filmemacher.

Im Café »'t Pleintje« treffe ich Baba. »Baba« ist sein Integrationsname, weil unsereins, so klärt er mich auf, seinen richtigen Namen doch falsch ausspreche. »Wo er denn herkomme«, will ich wissen. »Aus Marokko, vor 15 Jahren.« Er erzählt von seinem Dorf, wo er ein Haus besitzt. Er trinkt Cola, ich nippe an meinem Cappuccino. Dann sagt er: »Nicht mehr lange und ihr seid die Exoten und wir bestimmen, wo die Musik spielt.« Und warum? Ob ich nicht wüsste, dass der häufigste männliche Vorname von Neugeborenen in Amsterdam Mohammed laute, so Baba, der gar nicht Baba heißt. Dabei lacht er wie ein Baby, das man am Fuß kitzelt.

Dann nimmt er die Stadtzeitung und zeigt mir die Rubrik »Burgerlijke Stand«. Die Liste der Toten in den amtlichen Bekanntmachungen ist an diesem Mittwoch dreimal länger als die der Geburten. Die neuen Amsterdamer heißen Nizar, Ali, Qumaima, Ze-Hao, Sumina, Shai, Indy, Sem, You-Han, Jayden, Sam und dann folgen sechs westeuropäische Vornamen. Die Toten hatten Namen wie Antoine, Gerardus, Helena, Sidonis, Roland, Petrus, Dirk, Annie, Eddy, Johan, Marijte, Jolanda. So drastisch ist mir die demographische Entwicklung noch nicht klar geworden. Wie hatte doch Adjiedj Bakas gesagt: Die Folgen einer nichtbewältigten Einwanderung müssten ehrlich diskutiert werden, anstatt mit leeren Worten vom multikulturellen Paradies zu träumen.

Groot-Mokum

Von deutscher Besatzung und Amsterdamer Juden

Zehn Minuten vor zwanzig Uhr schreiten Königin Beatrix, Kronprinz Willem-Alexander sowie Máxima mit kleinem Gefolge von der Nieuwe Kerk durch die Gasse schweigender Menschen zum Nationaldenkmal auf dem Dam. Kriegsveteranen, Polizei und Soldaten salutieren. Dann legen Beatrix und ihr Sohn den Kranz nieder. Zwei Minuten Stille. Am 4. Mai ist nationaler Trauertag, wird an alle Toten der Kriege nach 1940 erinnert – insbesondere an die Deportation der jüdischen Bevölkerung in die Vernichtungslager. Vergessen werden auch all jene Männer und Frauen, Mädchen und Jungen nicht, die damals zu Helden ihrer Ideale wurden.

Die Bedeutung der deutschen Besatzung für die Mentalität der Amsterdamer kann kaum überschätzt werden, und die Erinnerung an den Zweiten Weltkrieg hat erstaunliche Konjunktur. Nach Jahrzehnten der Erinnerungsroutine sagte der Stadtschreiber Geert Mak (›Der Engel von Amsterdam‹) am 4. Mai 2004: »Unsere historischen Erfahrungen, sie mögen von Land zu Land tief verschieden sein, aber eine Sache haben wir Europäer gemeinsam: Wir wissen, dass die Geschichten meist grausam, unehrlich und unmenschlich sind. Und wir wissen, dass in der europäischen Geschichte alles mit allem zusammenhängt: Berlin kann man nicht ohne Versailles verstehen, Paris nicht ohne Verdun, Amsterdam nicht ohne Bergen-Belsen und Omaha Beach.«

Hans Blom arbeitet im Stadtpalast, dem »Loire-Schloss« an der Herengracht. In dem Gebäude, von einem Amsterdamer Tabakhändler im französischen Renaissancestil erbaut, residiert der Direktor des »Nederlandse Instituut voor Oorlogsdokumentatie« (NIOD). Das Kriegsinstitut dokumentiert und untersucht, was an Verbrechen während der Besatzungszeit geschah. Blom erklärte mir: »Unsere gesellschaftliche Funktion ist groß, denn dieser Krieg hat eine gewaltige Bedeutung in der emotionellen, kulturellen und sozialen Wirklichkeit unseres Landes bekommen.«

Die Besatzung gehöre zur niederländischen Kultur wie Tulpen, Mühlen und Anne Frank. Das Trauma jener Jahre habe eine »inoperable Narbe« hinterlassen, sei Teil des nationalen Bewusstseins, gehöre zur Kultur von Stadt und Land. In Amsterdam können Sie es sehen, denn hier gibt es mehrere hundert Gedenktafeln und Denkmäler, die an die *duitse bezetting* erinnern.

Der monumentale Stadtpalast, einst Besitz der Deutschen Bank, wurde nach dem Krieg – wie alles deutsches Vermögen hier, etwa die Nordseeinsel Schiermonnikoog – als Feindvermögen beschlagnahmt und spiegelt die Vergangenheit ebenso wider wie die der Familie Blom. Bloms Vater war als Offizier im Widerstand. Seine Großeltern waren dagegen überzeugte Anhänger der holländischen Nazipartei. Nach dem Krieg kamen Bloms Großeltern wie etwa 150 000 andere Niederländer auch, die mit der Besatzung zusammengearbeitet hatten, als Kollaborateure ins Lager. Hans Blom erzählt die Familiengeschichte ganz unsentimental. Derartige Schicksale sind zahlreich, und ohne jene fünfjährige Besatzungszeit wird ein Außenstehender die Amsterdamer kaum begreifen und wenn – dann vielleicht ihre Distanz gegenüber Deutschen verstehen.

Die Kinder und Enkel der Älteren fragen sich: Wie konnte das passieren? Wie war das eigentlich möglich? Die »Stiftung 40-45«, die sich mit dieser Zeit befasst, hält mit Aufklärungskampagnen die Erinnerung wach. So werden an den Maifeiern seit kurzem auch Marokkaner beteiligt. Verknüpft mit der Hoffnung, sie nehmen von ihrem Antisemitismus Abstand.

Als Thronfolger Willem-Alexander für die Abschaffung der Befreiungsfeier am 5. Mai plädierte, wirbelte er mit diesem Gedankenspiel so viel Staub auf, dass sich auch das Parlament damit befasste. Kolumnisten definierten die Gedenkfeiern als ein »überflüssiges Ritual«. »Das Befreiungsfest ist wichtig«, erzählt mir eine Schülerin, »denn viele Menschen haben auch in dieser Stadt Angst. Darum finde ich es sinnvoll, ein Mal im Jahr daran zu erinnern, wie unsere Freiheit erkämpft wurde.« Am 60. Jahrestag sagte der künftige König: »Ich bin überzeugt, in 60 Jahren feiern wir noch immer den 5. Mai.«

Nicht nur die Amsterdamer Umgangssprache, etwa das jiddische Wort *mazzel* für Glück oder *mesjogge* für total verrückt, Spezialitäten wie *osseworst*, Ochsenwurst, *pekelvlees*, Pökelfleisch, sowie süßsaure Gurken erinnern daran, wie selbstverständlich jüdische Gewohnheiten verwurzelt waren. Bis zum Zweiten Weltkrieg lebte hier die größte jüdische Gemeinde Europas. Auch aus Deutschland waren jüdische Flüchtlinge nach Amsterdam gekommen, in der Illusion, hier in Freiheit arbeiten und leben zu können.

Das Zusammenleben zwischen den oft wohlhabenden Flüchtlingen und Bewohnern war nicht so harmonisch, wie es später dargestellt wurde. Amsterdam war aber für alle Flüchtlinge nur eine Illusion, denn als die Stadt besetzt wurde, war es um die deutsche Kunst- und Künstleridylle geschehen. Wer die nötigen Mittel hatte, kehrte der Stadt den Rücken. Für die meisten aber wurde sie zur Falle. Die jüdische Gemeinde ist heute klein und das »Nieuw Israelietisch Weekblad«, 1865 gegründet und heute mit einer Auflage von 5400 Exemplaren, kämpft um seine Existenz, denn die demographische Entwicklung ist negativ. Auffallend – es zieht immer mehr orthodoxe Juden nach Antwerpen. Dort fühlen sie sich sicherer.

Eines der wenigen Gebäude, die von Abriss und Zerstörung im Judenviertel verschont blieben, ist das Rembrandthaus in der Jodenbreestraat. Wir können uns nur schwer vorstellen, dass diese Straße einst Mittelpunkt des jüdischen Lebens war. Das Haus von Amsterdams berühmtestem Maler, das er sich mit 33 Jahren hatte leisten können und in dem er mit seiner Frau Saskia seine glücklichsten Jahre verlebte und seine kreativste Periode hatte, wurde im Stil seiner Zeit rekonstruiert und eingerichtet.

Während seiner Epoche war das aufstrebende Amsterdam Zufluchtsort von Flamen, Hugenotten und Juden. Die Regenten versprachen Gottesdienstfreiheit, gestatteten Eigentum. Juden mussten nicht in Gettos wohnen – durften aber der Stadtkasse nicht zur Last fallen. Während Konversionen von Juden zum Christentum häufig waren, ist die Tatsache, dass auch Christen zu Juden wurden, allgemein weniger bekannt. Amsterdam spielte auch darin eine Sonderrolle, und das zeigt, wie tolerant auf beiden Seiten die Menschen waren, denn hier war der Übertritt vom christlichen zum jüdischen Glauben in größerem Umfang der Fall.

Ein weiterer steinerner Zeitzeuge ist die Portugese Synagoge. Der Tempel Salomons war Vorbild. In einem Nebengebäude des klassizistischen Bauwerks befindet sich die berühmte Bibliothek »Ets Haim« (Baum des Lebens). Aus den vier ehemaligen Synagogen der hochdeutschen Juden wurde das bedeutendste jüdische Museum außerhalb Israels. Wegen seiner einst großen jüdischen Gemeinschaft nennt sich Amsterdam auch »Groot-Mokum«, nach dem hebräischen Wort »Mokum« für Hauptstadt. Auch Amsterdamer nennen sich gerne Groot-Mokumer.

Vor der Portugese Synagoge steht das »Denkmal des Dokwerkers« von Mari Andriessen. Das Mahnmal erinnert an den

Februarstreik 1941 gegen die antisemitischen Maßnahmen der Besatzungsmacht. Jährlich, am 25. Februar, wird mit einer Kundgebung daran erinnert. Es war der erste Streik in einem von Deutschen besetzten Land. Später entstand das Bild einer von Rissen und Brechungen gezeichneten Gesellschaft, deren Bewältigung der Vergangenheit nationales Pathos verhinderte. Mythen lassen sich bekanntlich weder beweisen noch widerlegen.

»Die Zahl der Männer, die sich freiwillig zur Waffen-SS gemeldet haben, war größer als die Zahl unserer Widerstandskämpfer«, klärte mich Hans Westra auf. Die Ursache, warum das Land prozentuell die höchste Zahl an jüdischen Opfern in ganz Westeuropa zählt, sieht der Direktor des Anne-Frank-Museums in der »Autoritätsgläubigkeit« seiner Mitmenschen. Der Februarstreik sei einzigartig gewesen und habe das Bild von Amsterdam in der Welt geprägt. Aber dass das ganze Land im Widerstand war, wie alle Welt glaubt, sei eine fromme Lüge. Auch Königin Beatrix hatte mehrfach in Reden, etwa in der Knesset in Jerusalem, mit dem Mythos aufgeräumt, ihre Landsleute seien damals das heldenhafte Volk gewesen.

Noch bevor antijüdische Maßnahmen angeordnet wurden, hatte die Amsterdamer Polizeiführung den Juden bereits das Betreten von Cafés, Theatern oder Kinos verboten. »Alle deutschen Polizisten und Soldaten, die mit der Deportation jener 80000 Amsterdamer Juden zu tun hatten, passten bequem auf ein Gruppenfoto«, so der Amsterdamer Schriftsteller Geert Mak, der die Verfolgung als »bürokratischen Exzess« umschreibt. Am meisten enttäuschte die überlebenden Juden die Entschuldigung mancher Amsterdamer: »Wir konnten doch so wenig tun.« Zahlreiche Juden, die abgetaucht waren, wurden verraten. Unter ihnen auch die 16-jährige Anne Frank.

David Barnouw, Historiker beim NIOD und mit zahlreichen und auf den Punkt recherchierten Publikationen über

Anne Frank international bekannt geworden, umschrieb ironisch die Rolle des in Frankfurt geborenen Mädchens: »Sie, die Deutsche, die für 7 Gulden 50 verraten wurde, ist die beste Botschafterin, die wir haben. Sie verkörpert den guten Holländer im Kampf gegen den bösen Deutschen.« Als der Wiener SS-Oberscharführer Karl-Josef Silberbauer gemeinsam mit drei Amsterdamer Polizisten Anne und sieben weitere versteckte Juden am 4. August 1944 in ihrem Versteck in der Prinsengracht 263 verhaftete, blieben ihre Tagebücher zurück. Das Haus sollte noch 1956 abgerissen werden, und ihr Vater Otto hatte große Mühe, für das Buch einen Verleger zu finden.

Heute ist ihr Mädchentagebuch ein Weltbestseller mit mehr als fünfundzwanzig Millionen verkauften Exemplaren. Mit weißen Handschuhen blättert David Barnouw jährlich vier Mal eine Seite des Original-Tagebuches in ihrem Museum um.

Hitlers Helfer waren die Gesetzestreuen, die Elite, die die Deutschen als Ordnungsmacht, als Garanten ihrer Privilegien akzeptierte. Aber es gab viele, die halfen, Juden versteckten, im Widerstand waren, bei Untergrundblättern arbeiteten, etwa »Het Parool« oder »Vrij Nederland«. Die eine existiert noch als Stadtzeitung, die andere als Wochenmagazin.

Den Amsterdamern hatte Königin Wilhelmina nach dem Krieg den Wappenspruch geschenkt: *heldhaftig, vastberaden, barmhartig.* »Die harten, unentrinnbaren Tatsachen sind, dass die Amsterdamer ihre jüdische Bevölkerung haben ermorden lassen. Heldenhaft, entschlossen, barmherzig? Ja, auf einen kleinen Teil der Amsterdamer trifft das zu. Nein, was die Stadt in ihrer Totalität betrifft. Es ist ein königlicher Spruch, zu früh geschenkt, zu früh angenommen. Er hätte besser unterbleiben sollen«, stellte der Journalist Evert Werkman von »Het Parool« später fest. Wer über die damalige Situation schreibt, wird mit der Frage konfrontiert: »Was hätte ich getan, wie hätte ich mich verhalten?«

Die Faszination der Besatzungszeit und der Untergang des städtischen Judentums beschäftigte die sprachbegabtesten Autoren. Etwa Margo Minco (›Das Bitterkraut‹) oder Harry Mulisch (›Das Attentat‹), der wie kein anderer Autor niederländischer Sprache sein Werk dem Dritten Reich gewidmet hat. Mit seiner schrillen Intelligenz scheint er mir für eine solche Herausforderung geradezu prädestiniert. Mulisch, in Mokum »Moelisj« genannt, ist das Kind einer deutsch-jüdischen Lehrerin und eines österreichischen Offiziers, der bei der ortsansässigen Liro-Bank arbeitete, die ursprünglich in Hamburg ihren Sitz hatte und jüdisches Eigentum arisierte. Damit hatte er zwar seine Familie gerettet, wurde aber als Kollaborateur zu drei Jahren Gefängnis verurteilt.

»Ich bin der Zweite Weltkrieg, diese Zeit steckt mir im Blut«, erklärte mir der deutschstämmige Mulisch seine eigene Geschichte, die ihn sein Leben lang beschäftigt hat. »Mich interessierte die Frage, wie hatte es Hitler geschafft, ein Kulturvolk wie die Deutschen, das im Gegensatz zu Österreichern, Franzosen oder Polen keine antisemitische Tradition kannte, zu Antisemiten zu machen?«

Zum Abschluss unseres Gespräches fasst er zusammen: »Ich habe begriffen, dieses Phänomen kann man nur mit Hilfe literarischer Phantasie begreifen. Meine Theorien habe ich mir ohnehin immer selber gemacht. Der fiktive Roman ›Siegfried‹ ist mein letztes Wort zum Thema Hitler.« Hitlers Sohn Siggi, das ist nämlich der Grundeinfall in seinem Alterswerk, über das wir sprechen. »Wenn ich zu graben beginne, darf ich auch keine Angst haben, dass ich mich dabei selber nackt darstelle«, sagt er. Er möchte nicht auf den Geist, sondern unter die Haut gehen. Er hat noch nie ein Geheimnis daraus gemacht, dass er von Wien, von Adolf Hitler und dem Nazismus sein Leben lang fasziniert war. Zum Abschied hat er mir in das Buch die Widmung geschrieben: »Für Siggi, der mir seinen Namen geliehen hat.«

Het beste, Máxima

Hauptrolle in königlicher Operette

Ein Besuch von Máxima ist immer wieder gesellig. »Sie ist cooler als Beatrix. Sie weiß, wie sie sich geben muss. Ein Naturtalent«, sagt das Mädchen mit den großen, dunklen Augen. Ein großer Tag, denn die Prinzessin besucht die »De Brug« der »Schwestern von der göttlichen Vorsehung«.

Máxima übt und wird lernen müssen, sich in der Öffentlichkeit zu bewegen, ohne einen arroganten oder eiligen Eindruck zu machen. Als Mitglied der königlichen Familie muss sie die Leute in dem Glauben lassen, dass ein royales Haus etwas Gutes ist. Also muss sie nicht nur repräsentative Aufgaben übernehmen, sondern auch zum mentalen Wohlsein der Bürger beitragen. Und sie muss die Synthese schaffen, Dinge in Einklang zu bringen, auch wenn sie nicht zusammengehören. Herausgekommen ist nach langem Wiegen und Abschätzen die »Kommission Máxima«. Eine hochkarätige Initiative, die sich um den hoch sensiblen Bereich Integration kümmern soll.

Máxima, ein Bouquet Rosen in der Hand, hört sich die Ansprachen über Integration und Toleranz in »De Brug« an. Zwei Frauen wollen ein Foto. Natürlich! Sie knipst ihr

Lächeln wieder an, lächelt danach einfach weiter. Dann singt ein Chor älterer Männer wehmütig über das »alte Indië«, die ehemalige Heimat Indonesien: »Adieu, mein Traumland, ich sehe dich nie mehr.« Die Prinzessin findet tröstende Worte. Aus der Küche ein Aufschrei: »Sie hat überhaupt nicht in meiner Suppe gerührt.« Die munter lächelnde Máxima: »Wir müssen weiter, immer nur rennen, hé.« Den Fotografen ruft sie zu: »Habt ihr auch Weitwinkel dabei?« Währenddessen lächelt sie, bis es klick, klick und noch einmal klick macht. Eine Frau küsst noch fix die Hand der Prinzessin, und schon ist der Spuk vorbei. »Sie wird Beatrix immer ähnlicher«, sagt eine Frau zur anderen, »und breiter«, erwidert die. Der Wagenkolonne rufen sie noch »Het beste, Máxima«, alles Gute, nach.

Die Amsterdamer und das Königshaus, das ist eine besondere Beziehung, die seit Bestehen der Republik unter Druck steht. Die konstitutionelle Monarchie besteht ja auch erst seit 1814. Das Land wird seitdem zentralistisch geführt (seit 1813 von Den Haag aus). Hier ist man Bürger in einer Demokratie, aber Untertan in einer Monarchie. Máxima begeistert, wie vor ihr nur noch Lady Diana Spencer. Umfragen ergaben, dass eine Mehrheit der Menschen wieder an die Monarchie glaubt, und Prinzessin Máxima erhält die höchsten Sympathiewerte der Königsfamilie. Mit dieser Frau an seiner Seite schwimmt auch ihr Mann auf den Wogen ihrer Popularität mit.

Schwiegermutter Beatrix versucht alles, damit aus Máxima keine zweite Diana wird. Aber vielleicht ist das Vorbild der Princess of Wales gar nicht so verkehrt. Immerhin hatte sie alles ihrer Jagd nach Liebe geopfert und war dafür bewundert worden. Diana hatte sich auch vom Korsett des britischen Königshauses befreit, sich von dessen Geschichte und Identität emanzipiert. Máxima schwebt Ähnliches vor. Mit reiner Repräsentation will sie sich nicht zufrieden geben. Auch ihr Einzug in den »goldenen Käfig« ist getragen von Liebe. Vielleicht gelingt ihr, was der Ikone Diana missgönnt war.

Operation 020 202? Sie erinnern sich? Ein Heer von Nachrichtenjägern hatte sich akkreditiert, um aus gefälliger Distanz den Höhepunkt dieser Lovestory zu beobachten. »Max und Alex«, wie sie die Burschen vom Boulevard getauft hatten, das war die Story am 2. Februar 2002. Alle großen deutschen Fernsehstationen hatten die schmusige Trauung des Jahres live und mit noch mehr Aufwand übertragen. 50 Millionen TV-Zuschauer weltweit haben sich das Ereignis nicht entgehen lassen. Das Interesse in Deutschland an dem größten gesellschaftlichen Ereignis seit der Hochzeit von Kronprinz Charles und Lady Diana war beachtlich. Der Deutschen Liebe für königliche Operetten scheint unheilbar, spricht für ein tiefes Bedürfnis nach Führung und Edelmut, ist ihnen ja alles Pathetische abhanden gekommen. Fürstenfeste bewegen die Gemüter ohnehin, ihre Hochzeiten allemal, und hohe Einschaltquoten sind garantiert. Vielleicht spielt es ja auch eine Rolle, dass das Genre Liebe und Hochzeit wieder Konjunktur hat.

Und die betroffenen Amsterdamer? Sie reagierten wie immer in solchen Fällen: kühl. Sie haben die Hochzeit mit der schönen Prinzessin als Marketingwaffe der volksfernen Beatrix gesehen, so wird in Amsterdamer Medien suggeriert, um deren Umfragewerte zu erhöhen. Die königliche Familie ist unter Amsterdamern nämlich nicht gerade beliebt. Drei Tage lebten die Bewohner mit einer Notverordnung. Das ging vielen zu weit. Paul Arnoldussen, gebürtiger Amsterdamer – humorvoll und weltoffen, deutschskeptisch und rebellisch gegenüber dem Königshaus – hatte als Direktor des »Parool-Theaters« dem Kronprinzen vorgeworfen, er habe mit seiner Fürstenhochzeit nicht Wort gehalten. Der Prinz hatte lauthals verkündet: »Es ist meine Frau und es ist meine Hochzeit.« Warum hat der Prinz dann nicht in kleinem Kreis geheiratet? Dass die Hochzeit als Privatfest nicht in Den Haag stattfand, war Königin Beatrix zu verdanken.

Rund 8000 Sicherheitskräfte waren im Einsatz. Kritische Transparente wurden nicht geduldet, Spezialkameras installiert, es gab eine Menge Bombenexperten, Schnüffelhunde, Hubschrauber über den Dächern, Flugverbot über der Stadt. Junge Leute, die den Eindruck erweckten, sie würden womöglich randalieren, wurden in Gewahrsam genommen. Im Hausbesetzerzentrum »Vrankrijk« waren alle Wasserpistolen beschlagnahmt worden. Acht Verhaftungen und ein Farbbeutel gegen die Goldene Kutsche, das war alles, was während der Hochzeit polizeilich registriert worden war. Kommentar im TV-Stadtkanal AT5: »Solch ein Fest nur ein Mal, und dann bitte nie mehr.« – »Es war eine gute Investition«, verteidigte Bürgermeister Job Cohen die 20-Millionen-Euro-Show, »denn das Geld zahlt sich als positive Werbung für unsere Stadt aus.«

Zum Schluss war es dann doch noch schön geworden. Es war ein sonniger Februartag und die Freunde großer Emotionen waren nicht enttäuscht worden. An diesem denkwürdigen Tag begebe ich mich mit den anderen geladenen Gästen zur alten Börse. Wir, eine kleine Gruppe von Journalisten, dürfen dabei sein. »Es ist, als ob Máxima das Licht angeschaltet hat«, erzählt mir meine Nachbarin. Wie in den anderen sechs europäischen Demokratien, die sich auch ein Königshaus als Aushängeschild leisten, sind es die angeheirateten Frauen der Thronfolger, die den Fürstenhäusern wieder zu Glanz und Ansehen verholfen haben. Auch wenn es oft den Eindruck macht, sie seien bis zur Weltfremdheit mit sich selbst beschäftigt. Die Diskussion, was eine Monarchie in der EU-Staatengemeinschaft noch für einen Sinn hat, hat noch nicht begonnen.

Beim Eintreffen der Gäste gibt es eine gewisse Irritation: Es musste am betörenden Duft liegen. Hat es etwas zu bedeuten, dass Tausende von blauen Hyazinthen, Rittersporn und gelben Narzissen so berauschend duften, dass alle anderen Sinneseindrücke dadurch überdeckt werden? An diesem Tag ist die Börse ein »palazzo publico«, wie sie der linksliberale Architekt Petrus Berlage konzipiert hatte. Ein spektakuläres

Bild. Máxima trägt ein klassisches Brautkleid aus elfenbeinfarbener Seide und omoweißer Spitze von Valentino, ein dezentes Halbkrönchen im blonden Haar. Ihr Auftritt ist königlich. In diesem Moment verkörpert sie alles, was man von einer künftigen Königin erwartet: Die Wiedergeburt einer Dynastie.

Mit ihrem Auftreten war auch die Rolle Deutschlands als Hoflieferant für Königinnen und Prinzgemahle ausgespielt. Máximas Vorgängerinnen kamen aus Preußen, Anhalt-Dessau, Waldeck-Pyrmont oder Württemberg. Auch der Stammvater des Königshauses Oranien-Nassau, stolz »Vater des Vaterlandes« genannt, stammte aus dem hessischen Dillenburg, wo man ihm ein Denkmal errichtet hat.

Was musste das für ein Gefühl sein, als Beatrix, Königin der Niederlande, ihren Namen als Trauzeugin von Máxima Zorreguieta schwungvoll unter die Hochzeitsurkunde setzt. Endlich Prinzessin. Máxima aus Buenos Aires, älteste Tochter von Jorge Zorreguieta und seiner zweiten Frau Maria del Carmen Cerruti, werde frischen Wind in das angestaubte Königshaus bringen, prophezeiten die Medien. Inzwischen gilt sie als die einflussreichste Frau des Landes.

Aber ihr Weg war dornenreich. Die Königin, die als standesbewusst, dominant, unerbittlich und kühl gilt, sah zu Anfang in Máxima nur eine jener zahlreichen Freundinnen ihres Sohnes. Drei Dutzend Kandidatinnen aus den Fürstenhäusern hatte es für Willem-Alexander gegeben. Sie hätte lieber eine Braut aus dem Hochadel gehabt. Aber nein, er wählte keine Prinzessin, keinen Stammbaum, kein Wappen. Der Kronprinz, der als Königskandidat für einen Film bei jedem Casting durchgefallen wäre, wollte eher auf den Thron als auf Máxima verzichten. In seiner Liebe wurde er von seinem Vater, Prinz Claus, unterstützt. Da war die mächtige Beatrix – die alle Karten klug und intrigant legt – machtlos.

Dass ihr Sohn ausgerechnet eine Katholikin und eine Bürgerliche, deren Vater auch noch Minister in der argentinischen

Militärjunta gewesen war, heiraten wollte, hatte emotionelle und staatsrechtliche Diskussionen ausgelöst und zur größten Krise in der bisherigen Amtsperiode von Beatrix geführt. Máxima musste sich öffentlich zur Demokratie bekennen, die Mitwisserschaft ihres Vaters verurteilen und einen komplizierten Ehevertrag unterschreiben, der ihr nach einer möglichen Scheidung zwar einige Millionen Euro zugesteht, aber nicht das Recht auf ihre Kinder, die im Land und bei ihrem Vater bleiben. Die Regierung bewilligte ihr eine Apanage von 819 000 Euro. Zusammen verfügt das Ehepaar über ein jährliches Einkommen von 1,75 Millionen Euro, einschließlich der Personalkosten. Runde 95 Millionen Euro kostet die Holländer der Unterhalt ihres Königshauses im Jahr.

Der Rest der Romanze ist gut gelaufen. Das Paar erfüllt die von ihm erwartete Rolle als Traumpaar der Nation und mit Prinzessin Amalia gibt es auch schon eine kleine Thronfolgerin. Im Sommer 2005 kam das zweite Kind.

Die Sonne strahlt und die Glocken des königlichen Palastes läuten die Torero-Melodie aus ›Carmen‹. Die Fotografen rufen aufgeregt durcheinander, wenn sie ein bekanntes Gesicht sehen. Der Anteil der Älteren ist hoch, die Garderoben sind prächtig. Königin Paola von Belgien und Königin Sophie von Spanien sehen blendend aus. Königin Silvia von Schweden erhält Sonderbeifall, weil sie freundlich in die Menge winkt. Eine gute Figur machen Fürst Ferdinand und Fürstin von Bismarck, Fürst Wittekind und Fürstin Cecilia von Waldeck-Pyrmont. UN-Generalsekräter Kofi Annan aus New York und Mandela aus Johannesburg grüßen immer wieder, wie der segnende Papst.

Beim Einzug der 1800 Geladenen in die Nieuwe Kerk ertönen Orgelklänge. Máxima suchte den Augenkontakt zu ihren Freundinnen aus Buenos Aires. Die Regierung hatte ihrem geliebten Vater verboten, an der Hochzeit teilzunehmen. Aus Trotz oder Ehrgefühl blieb auch die Mutter der Vermählung fern.

»I love you«. Niemand kann die Worte des Thronfolgers hören, aber wir beobachten die beiden auf dem Balkon, können die Worte von seinen Lippen ablesen. Als dann Bandoneonist Carel Kraayenhof den Tango von Astor Piazzolla ›Adios Nonino‹ (Adios Väterchen) anstimmt, lässt Máxima ihren Tränen freien Lauf. Als sich die frisch Vermählten auf dem Balkon des königlichen Palasts küssen, nicht ein Mal, sondern drei Mal, tobt die Menge. An diesem Tag hat Amsterdam das Brautpaar, die Monarchie und sich selbst gefeiert.

Sommerzeit

Kultureller Ausnahmezustand

Die Zeitungen werden dünner, aber nicht billiger, die Kolumnisten haben sich verabschiedet, es gibt genügend Parkplätze, die Post kommt noch später, und alle Kinder sind spurlos verschwunden. Dann stehe ich vor dem geschlossenen Uhrmacherladen, beim Schuhmacher klebt ein Zettel mit der Botschaft: »wg. Urlaub geschlossen«, beim Drogisten das lapidare Schild »Wir haben es uns verdient«. Theaterstille – und auch Politiker halten zwei Monate ihren Mund. Urlaub machen, und seien es nur Städtetouren, sind etwas Selbstverständliches. Wer nicht wegfährt, gilt als Sonderling.

Von Mitte Juli bis Ende August machen Amsterdamer Sommerpause, verabschieden sich in irdische Paradiese. Die einen reisen auf die griechischen Inseln, andere zieht es nach Finnland, nach Amerika, in buddhistische Klöster, sie beleben Campingplätze, feiern an der türkischen Küste, suchen ihre Ferienhäuser in Frankreich auf. Zum »Uitmarkt«, mit dem die Kultur- und Theatersaison eröffnet wird, sind sie alle wieder da. Das Festival in der letzten Augustwoche erleichtert die Heimkehr vom Strand, vom Land, aus dem Ferienidyll in die Stadt, in Schule und Alltag.

Bis dahin ist das Viertel verödet, die halbe Stadt leer. Wenn sie damit aber auch keineswegs aufgehört hat zu leben. Sie hat lediglich ihren Rhythmus verändert. Alles ist stiller, sanfter und sicherer. Selbst die Taxifahrer fahren rücksichtsvoller und die Trams klingeln leiser. Endlich ist die Stadt wie auf alten Zeichnungen: Überall ist es ruhig, die Vögel singen fröhlicher. Wir, die geblieben sind, können die Annehmlichkeiten genießen, Hängematten zwischen die Bäume hängen und vom süßen Nichtstun träumen.

Eine Stadt ohne Terrassen ist eine tote Stadt. Terrassen sind die Ohren, mit denen man die typischen Geräusche wahrnimmt, die Augen, mit denen man das Leben sieht. Paris, Barcelona, München oder Kairo sind ohne Straßencafés undenkbar. Auch Amsterdam ist eine Terrassenstadt. Überall sieht man sie, die überdeckten Terrassen, auf denen an kühlen Abenden die Heizlampen strahlen, und jene winzigen, an denen Wirte bei gutem Wetter einige Stühle an die Straßen stellen. Noch in den schmalsten Gassen gibt es Terrassen, besonders eng wird es dann, wenn auch noch Boote anlegen.

Aber Amsterdam wäre nicht Amsterdam, wenn es nicht eine Vielzahl von Vorschriften für die Terrassenkultur gäbe. In der Stadt, die sich als die aufregendste Stadt Europas empfiehlt, stöhnen die Wirte unter einem Wust von Regeln. Gesetze, die scheinbar nur dazu da sind, um einen Vorwand zu haben, jede Lokalität wegen der kleinstmöglichen Bagatelle dichtzumachen. So sind die Wirte nicht nur gehalten, die Öffnungszeiten rigide einzuhalten – was sie auch tun, aus Angst ihre Lizenz zu verlieren –, auch auf den Gehwegen sieht man oft die weißen Linien – bis hierhin und nicht weiter dürfen Stühle oder Tische, maximal 150 Zentimeter, auf der Straße stehen.

Nur Cafés, die tagsüber geöffnet haben – von sieben Uhr morgens bis ein Uhr nachts – dürfen eine Terrasse besitzen. Abend- und Nachtcafés ist dies nach der »Algemene Plaatselijke Verordening« verboten. Auch so genannte »Steh-Terrassen«, auf denen man vor den Cafés steht und sein Gläschen trinkt, sind untersagt. Beim »tropischen Wetterszenario« wiederum darf auch im Freien getrunken werden. »Tropisches Wetter« ist dann, wenn die gefühlte Temperatur mit 28 Grad Celsius übereinstimmt und die Luftfeuchtigkeit 50 Prozent beträgt. Im Zweifelsfall muss der »Milieudienst«, das Umweltamt, um Rat gefragt werden. Aber, wenn ich dort anrufe, so erzählte mir ein Unternehmer, fühlt sich niemand zuständig. Da sagt man immer, Deutsche seien bürokratisch.

Noch vor Jahren galt die Stadt als die liberalste unter den professionellen Straßenartisten. Jetzt geht es wie ein Lauffeuer um die Welt, dass es Schwierigkeiten mit der städtischen Bürokratie gebe. Andere Städte wie Antwerpen, Kopenhagen, London oder Hamburg haben dagegen an Attraktivität gewonnen. »Eine Stadt kann mit uns nur gewinnen«, erzählt der Kanadier Byron, und sein australischer Kollege Mister Spin: »In Kopenhagen jubeln die Menschen. Amsterdam ist tot für uns.« Wiederholt protestierten sie gegen die strengen Regeln. Künstler, die nicht aus der EU kommen, erhalten keine Arbeitsgenehmigung mehr. Außerdem sind zahlreiche Genehmigungen notwendig, um mit Mikrofonen oder mit Verstärkern zu arbeiten. Mister Spin: »Ohne Mikrofon schreist du dir die Lunge aus dem Leib.« Alles in dieser Stadt ist inzwischen durchorganisiert, mit der Folge, dass auch die Clubszene und das ganze Nachtleben braver geworden sind. Amsterdam ist gar ein wenig muffig geworden.

An den Straßencafés ziehen sie vorbei, auf den Plätzen bauen Sie sich auf, die Straßenmusikanten. Früher haben wir ihnen alle noch gerne etwas gegeben, als sie uns mit ihrer Virtuosität zu weltentrückter Innerlichkeit verführten. Sie sind inzwischen zur Sommerplage geworden, die Straßenmusiker. Nicht nur, weil sie so zahlreich auftreten, sondern weil sie auch ungewöhnlich schlecht spielen. Das Erregungsgefiedel und »Bésamemuchos« tun den Ohren weh. Besucher glauben, in Amsterdam sei alles erlaubt, aber es gibt doch Codes, an denen man den Fremden erkennt. Etwa das »Trage-Tabu«.

Weil wir alle wissen, dass Frauen den Anblick nackter Männerbeine doch nicht honorieren, tragen wir sie nur im Park, am Strand oder im Garten.

Dies sind meine Lieblingsmonate. Die Abende sind hell, fast wie die St. Petersburger Nächte. Es wird nie schwül, dem Seewind sei Dank. Und wenn ich mit Bekannten oder Freunden auf einer der Terrassen an den Grachten sitze, fühlen wir uns wie in Venedig, wegen der zahlreichen italienischen Besucher um uns herum. Morgens früh, wenn die Wasserhühner schon piepsen, entlang der Grachten zu *fietsen* macht einfach mehr Spaß als sonst. In diesen Tagen kann ich miterleben, wie die Stadt frühmorgens erwacht, wie Marktstände aufgebaut werden, die ersten Straßenbahnen aus den Depots rollen, die letzten Autoknacker sich davonschleichen.

In so einer Situation, zugegeben unerfreulich, habe ich auch meine erste Wasserleiche gesehen. Einen Mann im nassdunklen Mantel, der auf dem von den Amsterdamern so genannten Homomonument auf dem Westermarkt liegt. Es herrschte eine Stimmung wie am Aschermittwoch bei allen Umstehenden. Zwei Stunden später kam ich wieder vorbei. Der Tote lag noch immer auf dem Marmorsockel. Die wachhabende Polizistin – der Leichenwagen kam und kam nicht – erzählte, dies sei wieder einer jener unbekannten Fremden, der glaubte, er sei Jesus und könne übers Wasser laufen. »Muss wohl an einer Überdosis gelegen haben.« Andere glauben, sie könnten fliegen, und fallen dann aus dem Hotelfenster. Meist sind es Touristen, die die Wirkung von Drogen unterschätzt haben. Unfälle, von denen in den Medien nichts steht. Täglich registriert die Polizei etwa ein Dutzend »durchgeknallter Personen«. »Die Verrücktheit liegt in der Amsterdamer Luft«, so ein lakonischer Polizeichef Joop van Riessen.

Auch Bekannte, die nicht an die Schulferien gebunden sind, bleiben öfter da. Auch sie entziehen sich der *vakantiegekte*, dem Ferienverrücktsein. Sie haben eingesehen, dass sie für den Sand zwischen den Zehen zu viel bezahlt haben, sich zu oft über zu teure Hotelbetten und schlechten Service geärgert haben. Wir Daheimgebliebenen haben uns das Motto meiner geschätzten Nachbarin zu Herzen genommen: »Schicke Menschen machen im Sommer keine Ferien.« Schick bedeutet in diesem Zusammenhang nicht elegant, sondern alteingesessen und vernünftig.

Richtig lebhaft geht es in diesen Wochen im Vondelpark zu, unserem Lustgarten. Weltberühmt wurde der Park, als die Flower-Power-Generation ihr Basislager hier aufgeschlagen hatte und die Hippies von ihren Utopien träumten.

Gerne radele ich auf geschwungenen Spazierpfaden entlang der Seen und Wasserläufe und gehöre zu jenen rund zehn Millionen Besuchern, die diese Stadtoase aufsuchen. Auf breiten autolosen Wegen herrscht das Skater-Radler-Chaos. Der im Sumpfgebiet angelegte Volksgarten gehört polizeistatistisch zu den sichersten Bezirken der Stadt, hier picknicken Amsterdamer und ihre Freunde im Stammesverband, hören gratis Live-Konzerte. Vor Rhododendronbüschen sitzt eine Wahrsagerin oder der Junge mit dem Schild »Ich spreche mit jedem, erzählen Sie mir ihre Geschichte«. Schwitzende Jogger, Walker, halb nackte Jongleure, schweigsame Tagträumer, zahlreiche Hunde und in den Bäumen die allen gemeinsame Musik der Vögel. Von wer weiß wo im Blattwerk kreischen entflogene Papageien, Turteltauben gurren, Nachtigallen singen, Blaumeisen und Sperlinge musizieren um die Wette.

Kein schönerer Morgen als ein Sonntagmorgen am O. Z. Voorburgwal, wenn die Luft blau aus dem Himmel fällt. In der Gracht schwimmen ein paar Wasserhühner. Eine harmonische Kulisse aus Stein, Holz und Wasser, in der der Kanal die Spiegelfläche bildet für die Postkartenidylle. Wie sonst nirgendwo relativiert hier jede Gegenwart alle Vergangenheiten, wenn sich Licht und Wasser zu einer besonderen Atmosphäre verdichten. In diesen Stunden, wenn Amsterdam den Zeitlosen gehört, entfaltet die Stadt ihre urbane Grandezza. Noblesse, Sachlichkeit und Schönheit. Wenn ich dann an den

Grachten entlangschlendere, fühle ich mich in jene Epoche zurückversetzt, als Abenteurer aus ganz Europa kamen, um hier das Glück zu suchen. Viel Personal war notwendig, um die Schiffe zu bemannen, die mit all den Schätzen aus Asien oder Amerika zurückkehrten.

Das Geschrei stadtverwöhnter Möwen wird pünktlich vom mittäglichen Glockenspiel und vom Rattern der Ladengitter übertönt. Um zwölf Uhr ist es mit der Sonntagsruhe vorbei – Sommerpause oder nicht. Wenn es ums Geschäft geht, ist Amsterdam durchgehend geöffnet. Eine Euphonie von Sprachen erhebt sich: Spanisch, Italienisch, Amerikanisch, Japanisch, Friesisch sowie limburgische oder auch brabantische Dialekte, Cafés und Restaurants sind voll und Autos quälen sich durch den Erlebnispark Amsterdam. Was für ein Gefühl, wenn die Jungs und Mädels mit ihren XXL-Autos und dem Wahnsinnsgewummere durchs Zentrum rollen. Dann heißt es staunen und bestaunt werden, die Zielgruppe der Generation Sehnsucht ist in ihren glänzenden Schutzhüllen unterwegs. Die Pflaster-Cowboys führen ihre Big Packs aus, ihre Land Cruiser, den BMW X5, ihren Jeep oder Porsche Cayenne wie sonst allenfalls die Nachbarn ihre phlegmatischen Zuchthunde.

Und so füllen sich die Straßen und Gassen, die kleinen Geschäfte und die großen Warenhäuser »De Bijenkorf«, das Kultkaufhaus Hema schnell mit Publikum. Beliebt sind die »neun historischen Gassen« zwischen Heren- und Keizersgracht, wo hinter alten Fassaden die Läden mit ausgefallenen Artikeln ihre Ware anbieten. Entdeckungstouren zu den *winkeln*, kleinen Geschäften, die den Reiz der City als Einkaufsstadt ausmachen.

Sparen tut jeder gerne. Amsterdamer sind berüchtigte *koopjesjager*, wie die Suche nach günstigen Angeboten umschrieben wird. Schilder wie *korting* oder *uitverkoop* – Rabatte, Ausverkauf – sieht man das ganze Jahr. Die *drie dolle dwaze dagen*, die drei total verrückten Tage, der Superausverkauf im schicken »De Bijenkorf« gelten als der absolute Thriller der Schnäppchenjagd. Was den Briten ihre Fuchsjagd, ist den Amsterdamern ihre *koopjesjacht*, die Stunde der Profitjäger. Das Personal kleidet sich clownesk und wundert sich jedes Mal, wie die Leute gierig nach den billigsten Stücken greifen. Wenn am Morgen die Drehtüren schwingen, stürmen die Wartenden zu den Abteilungen Möbel, Spielzeug oder Hausrat. Zum Teil geht es dabei um gängige Produkte, aber auch um extra eingekaufte Ware. Schätzungsweise eine Million Menschen drängeln sich dann im Warenhaus und der Umsatz entspricht dem eines Monats.

Die Eigenschaft *elk cent omdraaien*, jeden Cent umdrehen, bevor man ihn ausgibt, oder *op de kleintjes letten*, auch wenn man gut verdient, hat seit Einführung des Euro Freunde gefunden. Supermärkte wie Aldi oder Lidl waren einst die Orte, an denen man wie im Sozialamt nicht gerne gesehen werden wollte. Dieses Schamgefühl kennt kaum einer mehr. Normal achtet man beim Einkauf auf seine Cents, war aber froh, als die ein- und zwei Eurocent abgeschafft wurden. Bei allen Einkäufen wird, wie einst beim Gulden, auf fünf Cent auf- oder abgerundet. Beträgt die Rechnung 4,87 Euro, werden 4,85 Euro berechnet, und kostet etwas 98 Cent, muss man einen Euro zahlen.

Wenn Sie etwas einkaufen und es wird ihnen etwas anderes als das Gewünschte gegeben, etwa ein Brot, sagen Sie auf keinen Fall, das habe ich nicht gewollt. Amsterdamer mögen es nicht, wenn man ihnen vorwirft, sie hätten etwas falsch gemacht. Im günstigsten Fall guckt man Sie blöd an. Sagen Sie: »Sorry, ich habe mich falsch ausgedrückt. Ich hätte gerne das andere Brot gehabt.« Der Verkäufer wird Ihnen das andere Brot mit einer freundlichen Geste überreichen. In vielen Geschäften muss man wie bei der Post eine Nummer ziehen, damit wird Vordrängeln vermieden. Im Supermarkt immer schön daran denken, das Plastikstäbchen, den Warentrenner, das *buurtbalkje*, rechtzeitig aufs Laufband legen.

Ach so, übers Wetter reden wir nicht. Wetter oder kein Wetter. Gegen Sturm oder Hitze hilft auch kein Klagen. Glücklicherweise gibt es Fluchtpunkte, um Platz im Kopf zu machen und durchatmen zu können. Die Nordseeküste liegt dichtbei. Eine gute halbe Stunde und die Amsterdamer planschen im Wasser, lassen sich vom Wind zerzausen, laufen am Küstensaum entlang, erleben jeden Schritt als kleines Wunder. Zandvoort ist der Badeplatz der Amsterdamer. Dort trifft man seine Nachbarn, aber auch Gäste aus dem befreundeten Ruhrgebiet.

Sehr populär sind die Villen »Zeezicht«. Zwischen April und September stehen einige Hundert von weißen Sommerhäuschen am Strand. Einst waren sie für Arbeiter gedacht, die für sich und ihre Kinder nach frischer Luft, Sonne und Sand verlangten. Heute sind diese Strandhütten-Kolonien ein Luxusgut. Sie sind populär, teuer und die Wartezeiten lang. Wer endlich zugelassen wird, muss eine Probezeit von zwei Jahren überbrücken. Das Stranddorf muss wieder verlassen, wer sich nicht am sozialen Leben beteiligt und sich nur bei Sonnenschein zeigt.

Festkalender

Oranje boven, leve de koningin

Eine Stimmung, als ob der Himmel die Erde küssen würde. Die Königin hat Geburtstag. Hat sie natürlich eigentlich gar nicht. Beatrix wurde in der ungemütlichen Jahreszeit, am 31. Januar, geboren. Unter grauem Himmel und bei Nasskälte lässt sich aber nicht besonders gut auf der Straße feiern. Also hat Beatrix bestimmt, nicht im Winter wird gefeiert, sondern am traditionellen *Koninginnedag*, am 30. April, dem Geburtstag von Königinmutter Juliana.

Königinnentag ist der Höhepunkt im Amsterdamer Festkalender. Auch die anderen Feste verraten etwas über die Mentalität der Amsterdamer. Etwa der *Stille Omgang*, die älteste nächtliche Prozession, die bis ins 14. Jahrhundert belegt ist. In der dritten Augustwoche gibt es das »Grachtenfestival« mit Grachtenhaus-, Garten- und Dachterrassenkonzerten. Anfang August gilt es, den Karneval der Amsterdamer, die »Canal Parade« der Schwulen und Lesben, zu erleben. Jedenfalls für jene, die sich an den mit Öl eingeschmierten Homos, Transvestiten, Pfahl- und Linetänzern auf den Themenbooten erfreuen. Das »Gay Pride«-Spektakel der plakativen Nacktheit und Frivolität zieht Scharen auswärtiger Besucher an.

Die Kritik am Freudenhaus auf dem Wasser mehrt sich, weil die Homos ihre Subkultur pflegen. Alle Jahre wieder entzündet sich auch die Frage, wie nackt dürfen die Nackten während der »Gay Parade« sein? Und so wurde von der Polizei ein Sittenkodex aufgestellt. So ist es verboten, mehr als Pobacken und Brüste zu zeigen – und homosexuelle Polizisten dürfen auch nicht mitfeiern. Homos dürfen auch nicht in Polizeiuniformen auftreten. Diese Regeln können nicht verhindern, dass die »Canal Parade« auch gut fürs Geschäft ist. Rund 14 Millionen Euro Umsatz hat das Beim Toerisme & Congress Bureau errechnet.

Am *Koninginnedag* herrscht der knallschöne Ausnahmezustand und Amsterdam verliert seine gutbürgerliche Fassung. Zwar wird im ganzen Land gefeiert, aber ausgerechnet die Amsterdamer, stolz auf ihre republikanische Tradition, sind vernarrt in das Staatstheater, das ihnen die Königsfamilie huldvoll gewährt, und sie danken es ihr, indem sie das größte und fröhlichste Straßenfest des ganzen Landes veranstalten, und singen aus voller Brust *Oranje boven, leve de koningin*, Oranje über alles, lange lebe die Königin.

Das Schöne an diesem Tag: Es regnet auch Orden – *lintjesregen* genannt. Unter den rund 3000 ausgezeichneten Personen, die jährlich eine dieser begehrten Trophäen erhalten, sind meist nicht mehr als fünfzig Amsterdamer. Immerhin. Die derart Geehrten müssen sich natürlich um etwas verdient gemacht haben und erhalten den Orden nur, wenn sie nicht bei Ampelrot oder unter Alkoholeinfluss geradelt und nicht gegen Normen und Werte der konservativen Regierung verstoßen haben. Ich habe den Eindruck, viele, die nicht zu den etwa 135 000 *lintjes*-Trägern gehören, hoffen im Stillen, dass ihr Name im nächsten Jahr in den Namenslisten der Zeitungen steht.

Oranje boven. Orange über alles. Orange, die grellste Farbe des Regenbogens, beherrscht Straßen, Plätze, die Geschäfte und das Outfit der Festgesellschaft. Orange ist die Nationalfarbe des Königshauses und die Kriegsbemalung auf den Fußballtribünen. Orange-farbige Fahnen hängen aus Fenstern und von Kirchtürmen, es werden orangefarbene Torten verzehrt, üppig mit orangefarbener Schlagsahne verziert, und viele Festgänger kleiden sich in Orange. Oh, was ist es dann gesellig! Königsgesinnte Amsterdamer, die gibt es natürlich auch, tragen orangefarbene Bändchen und dokumentieren: Wir stehen hinter der Monarchie. Es herrscht eine Stimmung, als habe die Nationalmannschaft gewonnen, und zwar jedes Jahr aufs Neue.

Als ich zum ersten Mal das Volksfest miterlebte, war ich einer von rund einer Million Teilnehmern. Was Lautstärke und Enthemmung betrifft, ist das Fest einmalig. Schon am Vorabend gehen die Leute los, um die Königinnennacht zu feiern. Dann schlafen sie kurz und stehen sich anschließend auf den Füßen, drängeln, essen, trinken und sind lustig. Außer Gauklern, Straßenmusikanten und anderem Kunterbunt, darf auf der Straße auch alles verkauft werden. Die einen räumen ihre Dachböden leer und die anderen stellen ihre Wohnungen wieder voll. Bereits vor dem Fest werden Standflächen mit Kreide oder Klebeband als *bezet* reserviert. »Die schlechtesten Eigenschaften unseres Volkes zeigen sich dann am deutlichsten: unser Handelsgeist oder unsere Neigung, andere übers Ohr zu hauen«, stellte der Amsterdamer Kolumnist Theodor Holman fest, »und von diesem Volk ist unsere Königin Staatsoberhaupt. Hut ab.«

Der Vondelpark ist für Kinder reserviert. Hier können sie ihr altes Spielzeug oder ihre zu klein gewordenen Klamotten verkaufen, aber was noch schöner ist, sie können ihrer Kreativität freien Lauf lassen. Etwa der Junge, der sich eine rote Gipsmaske aufgesetzt hat. Für einen Euro dürfen Wagemutige Eier auf ihn werfen. Wenn sie aus zehn Metern Entfernung drei Mal treffen, haben sie zehn Euro verdient. Kaum einem gelingt das. Am Ende des Tages liegen 450 Eier im Gras und der 15-Jährige ist um rund 200 Euro reicher. Oder die zwei

Schwestern, sieben und elf Jahre alt. Sie animieren dazu, Geld in den Topf zu werfen. Dann müssen Sie versuchen, die Mädchen zum Lachen zu bringen. Schaffen Sie es, erhalten Sie Ihren Einsatz zurück. Den meisten gelingt das Kunststück nicht. Annelien verrät mir ihren Trick: »Ich versuche an nichts zu denken.« Und ihre Schwester Marthe: »Ich denke an Chicorée-Eintopf, denn den mag ich nicht.«

Der Königinnentag ist inzwischen auch Máximatag. Obwohl die Prinzessin nicht in Amsterdam ist, wird argentinische Folklore ins Festgebraus einbezogen: Salsa-Feste, argentinische Steaks oder Máxima-Puppen, auf die Spaßvögel Bälle werfen können.

Ein großes, öffentliches Ereignis ist der Einzug des Nikolaus. Der Kinderfreund *Sinterklaas* kommt im November an. Das Spektakel will sich kaum jemand entgehen lassen, auch Andersgläubige oder Agnostiker verfolgen, getarnt hinter Touristen und aus sicherer Position, mit spöttischer Ergriffenheit das Ritual.

Die königliche Marine feuert Salut, die Glocken der Nicolaaskerk läuten, wenn das Schiff mit dem Nikolaus am Steg vor der Nikolauskirche anlegt. Empfangen wird der *goedheiligman*, der *Sinterklaas*, von einer vieltausendköpfigen Menge. Der festliche Umzug durch die Innenstadt wird vom Fernsehen übertragen und hat damit viel zu seiner Popularität beigetragen. Den Nikolaus auf dem Schimmel begleiten die schwarzen Peter, *zwarte Pieten*, in kostbaren Samtgewändern. Angekommen am Stadttheater, wird der steif gefrorene Reiter vom Pferd gehoben. Was viele nicht wissen: Seine Rolle übernimmt dann der Ersatz-Nikolaus.

Wer den Stadt-Nikolaus spielt? Dries Zee, pensionierter Polizeichef der einst so berüchtigt-korrupten Polizeiwache in der Altstadt. Seit Jahren übt er dieses Ehrenamt im knallroten, mit goldenen Rändern gewebten Bischofsgewand aus. Es kommt aus der weltberühmten Stadelmaier Werkstatt, die auch den Vatikan beliefert. Was aber macht einen Mann zum

Nikolaus? Dries Zee: »Man muss die spezielle humorvolle Art der Amsterdamer haben, zugänglich sein, gut reiten können und stets Partei für die Kinder ergreifen.« Eineinhalb Stunden koste es ihn, um aus Dries den echten und einzigen Stadt-Nikolaus zu machen, erzählt Ton van Heuvel. Der Maskenbildner ist dafür verantwortlich, dass Dries die Ausstrahlung eines echten Nikolauses hat. »Kinder sehen sofort, wenn etwas am Nikolaus nicht stimmt, und wir wollen sie doch nicht enttäuschen.«

Bis zum 6. Dezember sieht man Nikoläuse durch Gassen und Straßen eilen. Ob Onkel, Opa, Vater, Studenten oder der Nachbar – sie alle spielen *Sinterklaas* am Vorabend zum Nikolausfest, dem »Päckchenabend«, der mit dem Heiligen Abend vergleichbar ist. Die Tradition will, dass anonym geschenkt wird. Immer mehr Eltern finden den Nikolaus gut, weil er die Phantasie ihrer Kinder anregt. Bei ihm werden eigene Gedichte vorgetragen und Selbstgebasteltes verschenkt. Der Nikolausabend ist auch der Tag, an dem stille Liebhaber ihrer Angebeteten ein Geschenk auf die Stufen legen, und sich so eine glückliche Wendung in der Beziehung erhoffen.

Eine besonders wichtige Rolle spielen jedoch die selbst geschriebenen Gedichte. Nur an diesem Tag darf man meckern, schimpfen, schelten, aber auch loben – solange es sich reimen lässt. Dank der Versform erhalten Lob und Tadel einen milden Charakter. Jedermann ist Ziel und Schütze zugleich. Sollten Nachfolgegenerationen einmal wissen wollen, was uns bedrückte, aber nicht offen gesagt werden durfte, in den anonymen Nikolausgedichten kann es nachgelesen werden.

Als einziger katholischer Heiliger hat er bisher alle Gegenschläge überlebt. Schon vor vierhundert Jahren verdammten calvinistische Prediger das »römische« Fest der *paepsche verleyders*, der päpstlichen Verführer. Dann folgte der Angriff der Pädagogen. Sie forderten, Kindern dürfe man keine Märchen erzählen. Heute ist er ideologisch bedroht, da er seinen Gegnern zu gefährlich und menschlich nicht farbecht zu sein scheint.

Muslime und farbige Zuwanderer fühlen sich diskriminiert und fordern: »Der Schwarze Mann soll sich abschminken.« Der heilige Mann wird als Rassist beschimpft, weil er nach guter alter Sitte Mohren als Knechte mit sich führt: den schwarzen Peter. Viele Schulen verbieten seinen Auftritt. Darf er – mit Rücksicht auf Muslime – noch ein Kreuz tragen, dürfen sich Kinder schwarz anmalen, weil das die Nachfahren holländischer Negersklaven kränken könnte? Zudem wird auf die Rolle der Amsterdamer als Sklavenhändler verwiesen.

Nikolausverehrer sehen in all diesen Angriffen ein Komplott der Weihnachtsmann-Clique, die sich auf die Seite des nordischen Bärtigen und seines Knecht Ruprecht geschlagen haben. Thomas Roser, der mit Vergnügen oft als *zwarte Piet* aufgetreten war, hatte immer wieder erlebt, wie sich gerade die dunkelhäutigen Antillianer schwarz angemalt haben: »Sie empfinden die dunkle Farbe des schwarzen Peters nicht als diskriminierend, sondern freuen sich vielmehr über das traditionelle Fest ebenso wie die weißen Kinder.«

Auch der Schornsteinfeger-Verband versucht den Nikolaus zu entlasten, indem er die wahre Identität seines Knechtes als Kaminkehrer enthüllt. Vor allem die Kinder wehren sich instinktiv gegen »political correctness«. Daran wird sich trotz Zuwanderern, einem rasch wachsenden Lebensrhythmus in der Stadt ebenso wenig ändern wie durch die Werbung, die den Bischofswein mit Wasser verdünnt hat.

In den frühen Morgenstunden des 6. Dezembers hat er Amsterdam verlassen. Still und heimlich. Nie hat ihn jemand weggehen sehen. Auch Dries Zee verweigert die Antwort: »Das ist mein Geheimnis, das Mysterium meines Daseins als Nikolaus. Und das muss so bleiben.« – »Wenn ich hier bin, will ich den Weihnachtsmann nicht sehen«, hatte der Nikolaus zuvor gewarnt. Kaum ist er weg, vermutlich Richtung Deutschland, erklingen in Warenhäusern und Einkaufsstraßen

›Santa Claus is coming to town‹ von Bing Crosby, ›Feliz Navidad‹ der Andrew Sisters, das ›Oh happy days‹ der Edwin Hawkins Singers und natürlich Diana Ross mit ›Christmas in Vienna: It's the most wonderful time in the year.‹

Unbequeme Stadt

Alles, was Gott verboten hat

Ein Hammerschlag um Mitternacht. Damit besiegelte Bürgermeister Job Cohen die ersten Ehen zwischen zwei Männern und zwei Frauen im Amsterdamer Rathaus. »Wir schreiben Geschichte«, sagte ein gut gelaunter Stadtvater, »denn es geschieht zum ersten Mal und hier, dass eine bürgerliche Ehe zwischen Gleichgeschlechtlichen geschlossen wird.« In der Nacht zum 1. April 2001 war der Sitzungssaal zum Trausaal geworden, als vier homosexuelle Paare sich das Jawort gaben. Auch die knallbunte Hochzeitstorte fehlte nicht, von der wir alle ein supersüßes Stück bekamen. »Amsterdam ist«, so ein stolzer Bürgermeister, »die Homo-Hauptstadt Europas.«

Über die lästige Stadt Amsterdam, »heute manchmal romantisiert, ähnlich wie früher Paris«, urteilte der Schweizer Wirtschaftsphilosoph Ernest Zahn, »auch jene ausländischen Jugendlichen, die daheim keine tolerante Öffentlichkeit vorfinden, sind geneigt, von Amsterdam zu schwärmen.«

Bereits in den neunziger Jahren sprach ich mit dem populären Bürgervater Ed van Thijn über die *verslonzing*, die Verlotterung seiner Stadt. Er sagte: »Auch ihr Deutschen idealisiert uns, das schafft Probleme.« Es ging nicht nur um die Frage, warum Bewohner, die in einer architektonisch ästhetischen Innenstadt leben, so schlampig mit dem Erbgut umgehen, sondern auch um die »alternative Drogenkultur« und darum, dass die Idee der Coffeeshops eigentlich nur für die eigenen Bewohner gedacht war. Aber nicht im Entferntesten, so der Bürgermeister, habe man geglaubt, dass ihre Anziehungskraft auf Ausländer so sein werde, dass daraus ein nicht heilbares Krebsgeschwür entstehe. Und van Thijn hatte Recht, unter hiesigen Jugendlichen gibt es weniger Drogenkranke als unter Ausländern.

Die individualistische Haltung der Amsterdamer in politischen, kulturellen, modischen sowie weltanschaulichen Fragen geht auf den Ursprungsmythos der Alternativkultur zurück. Die Jugendbewegung jener Jahre rückten der Familie und anderen gewachsenen Institutionen mit der medialen Öffentlichkeit zu Leibe. Die Intimsphäre wurde wie die Autorität der Königin, der Kirche und des Staates ad acta gelegt. Neue Werte wie kreativ, originell, jugendlich, individualistisch sowie progressiv entstanden.

»Wir pflegen gerne den Mythos unseres Nonkonformismus, der in den sechziger Jahren entstanden ist. Es sollte vielmehr realistischer sein, zu erkennen, dass es diese Jahre waren, die das Ende der Eigenständigkeit eingeläutet haben«, stellte rückblickend im Sommer 2004 das liberale »NRC-Handelsblad« fest, denn »unter dem Wappenspruch Nonkonformismus entpuppte sich ein erstickender Konformismus«.

Die alternativen Wellen wurden von Grünen, *kaboutern* (Heinzelmännchen), oder Provos getragen. Sie erfüllten den Begriff vom *klootjesvolk*, einst Schimpfwort für die graue Masse, mit neuem Leben, denn damit war nun der konservative Bürger gemeint. Das »Provotariat« war ein Amsterdam-typisches Phänomen ebenso die »Dolle Minnas«, holländische Feministinnen, die ihre befreiten Brüste zur Schau trugen. Es war auch die Zeit von Apo, Ölschock und Umweltkrise, eine Epoche von empathischer Politik. Am Ende dieser Entwicklung war Amsterdam pleite. Die Flower-Power-Generation hatte Kettenreaktionen freigesetzt, mit denen sie bis heute noch herumwurschtelt. So war der bürgerliche Ungehorsam in die Missachtung von Gesetzen und Regeln ausgeartet, der Strafvollzug zur Lotterie geworden, der Lehrstoff an den Schulen wurde per Quizfrage vermittelt, Erziehung galt als Misshandlung und der Polizist war braver Sozialhelfer.

Amsterdam ist nicht die versponnene Märchenstadt. Es gibt viel freundliche Heuchelei, die das Leben mal erleichtert, mal erschwert. Das ist die doppelte Moral als Lebensprinzip einer Handelsgesellschaft, in der sich eben einmal die Liberalität des Kaufmanns und die Bigotterie des Gutherzigen vermischt haben. Dass eine Diskussion über gesellschaftliche Gegensätze entbrannt ist, wird auch dem Auftritt des populistischen Politikers Pim Fortuyn zugeschrieben, der kurz vor den Parlamentswahlen 2002 ermordet wurde. Der bekennende Homosexuelle galt als Katalysator und seine Popularität als ein Zeichen von Veränderung. Dank der Fortuyn'schen Revolte, der Rechts wieder hoffähig gemacht hatte, sind manche aus ihrer unerschütterlichen Selbstgerechtigkeit erwacht.

Es gibt eine Menge Leute im Land, die sich nicht in den Hexenkessel des liberalen, multi-ethnischen und sexuell aufgeschlossenen Moloch wagen. Vor gar nicht so langer Zeit haben Prediger die Stadt als »Sodom und Gomorrha« verteufelt, und immer noch hegen Konservative eine tiefe Abneigung gegen diese urbane Gesellschaft, in der das »Gesetz des Dschungels« herrsche. Aber ihre Kinder kommen gerne zum Studieren. Den Seelenzustand des Stadtmenschen schreckt das nicht, er grenzt sich hochmütig von argloser Provinzialität ab.

Woher kommt nur die »kuriose Idee«, wir seien links und progressiv, fragt sich René Boomkens. Der Kulturphilosoph wirft seinen Mitmenschen vor, mit ihrer »lächerlichen Überheblichkeit«, anderen die Leviten zu lesen, hätten sie sich lächerlich gemacht. Da muss manch einer schlucken. Was bitte, wäre ohne die Protestgeneration aus Amsterdam geworden, als sich die Söhne und Töchter von der elterlichen Rechten lösten? Viele von ihnen waren Kommunisten und Sozialisten und arbeiten heute als Kolumnisten, sind staatstragende Politiker oder Wirtschaftsberater. Die meisten der Amsterdamer Künstler, Kolumnisten und Schriftsteller haben das kurze Zeitalter bürgerlichen Ungehorsams aktiv miterlebt und mitgestaltet. Meisterliche Porträtisten wie Harry Mulisch (›Der Rattenkönig‹), Geert Mak (›Engel von Amsterdam‹), Adri van der Heijden (›Der Anwalt der Hähne‹) haben die Aufarbeitung in ihrer Memoirenlektüre festgehalten.

Wurde damals Karriere mit Gesellschaftskritik und Provokation gemacht, sorgen heute Marketingmanager mit ihrer »Milchkaffee-Kultur« dafür, Spektakel und Unterhaltung als Ordnungsmacht im öffentlichen Raum zu installieren. Sie diskutieren darüber, welche gesellschaftlichen Lichtfeuer für Existenzsicherungen sorgen. Um im Konkurrenzkampf um Investitionskapital und Zuwanderer zu bestehen, müssen Mega-Events gefördert werden. In einer individualisierten Gesellschaft basiere das Erleben nicht auf politischen oder sozialen, sondern auf ästhetischen Präferenzen. Je einflussreicher die Schwulenszene und je offener die Drogen- und Bordellpolitik, desto größer ist die Ausstrahlung auf die kulturell-kritische Szene, glaubt man im Rathaus.

Clubszene und Subkultur gelten als Standortvorteile. Progressive Offenheit und pragmatische Toleranz sind Schlüsselbegriffe, denen die kreative Klasse folgt: Künstler, Filmemacher, Style-Leader, Musiker, Werbe- und Marketingbüros, Wissenschaftler, Softwareschreiber und andere Boheme. Sexy und genial muss die Szene sein. Heute ist »Yuppie« ein Schimpfwort. Davor waren die *young urban professionals* das Hätschelkind der Stadt, heute ist es die kreative Klasse. Ob das weiterhilft? Also schielt man nach Deutschland: »Dort gibt es eine interessierte Mittelschicht, die bereit ist, mitzudenken. Hier nicht. Wir wollen Amüsement«, schreibt »Vrij Nederland«.

Vor allem zur Mittagszeit und am Abend schwappt eine Welle der Unbeschwertheit und Tatkraft durch Straßen und Cafés. Sneakers, Jeans aber auch dunkle Anzüge bilden ihre Kleiderordnung. Kreativ-WG wird das genannt, Arbeit und Leben werden eins. Gemeinsam sorgen sie für Wachstum, so die Theorie.

Als Provokateur oder Blumenkind kann man sich den Bestsellerautor nicht so recht vorstellen, aber das heißt nicht, dass er damals in den verrückten siebziger Jahren nicht auch von einer besseren Welt geträumt hätte.

Ich sitze Harry Mulisch in seinem Herrenzimmer mit Blick auf die Leidsekade gegenüber. Bei einem stillen Wasser und einer qualmenden Pfeife erzählt der Augenzeuge von jener »skurrilen Epoche«, die in Clubs wie »Melkweg« oder »Paradiso« – bei ihm gleich um die Ecke – vorgeträumt wurde. »Wir taten, was uns Spaß gemacht hat, und stellten dabei fest, wie einfach es war, etwas zu verändern, denn die gesellschaftliche Elite hatte neue Entwicklungen verschlafen.« Harry Mulisch zieht an seiner Dunhill-Pfeife. Ohne Pfeife ist er einfach undenkbar – wie Churchill ohne Zigarre. Auf einen Zettel schreibt er mir mit grünblauer Tinte: »In Holland endet alles in einem großen Gelächter. H. M.«

Amsterdam – das Ventil Hollands. Keine andere europäische Stadt spielte beim Entstehen einer neuen Jugendkultur eine so entscheidende Rolle, betrachtete sich gar als Gegenkultur zur bestehenden Ordnung. Kabbalistische Weissagungen, apokalyptische Visionen vermischten sich mit dem süßlichen Duft von Haschisch. Die Zeit der großen Verheißungen, der Traum von einer besseren Welt. Da es an Wohnungen fehlte, jeder Eingeborene ab 18 Jahren hat Recht auf eigenen Wohnraum, wurde *gekrakt* (besetzt) und Hausfriedensbruch vom höchsten Gericht legalisiert. *Kraker* verfügten über eigene Schutztruppen, illegale Radiostationen, Druckereien und Hausjuristen. Ein zwanzigjähriger Stadtkrieg zwischen Bürokratie, Spekulanten und Hausbesetzern. Dann ließen sich die Idealisten korrumpieren, aus Anarchisten wurden Wohlstandsegoisten. Von ihren paradiesischen Jahren sprechen sie mit einem wohligen Unterton.

Besonders gern erinnere ich mich an einen Politiker. Roel van Duijn, der trotz Intrigen und Verleumdungen seiner Kollegen im Rathaus den Glauben an die Demokratie nie verloren hat. Wenn die Ideen und Visionen des Grünen konsequent umgesetzt worden wären, Amsterdam wäre eine ganz andere Stadt: wegen der ersten Metro kein Abbruch der Altstadt, weniger Luxushotels, kein Spielcasino am Leidseplein, das Zentrum autofrei, der Drogenverkauf reguliert, weniger Probleme mit Arbeitsimmigranten.

Aber so ist es nicht gelaufen, denn die »linke Kirche«, wie die konservativen »Metall-Sozialdemokraten« genannt werden, haben die Macht und verkörpern ein Milieu, das der CSU in Bayern nicht unähnlich ist. Es gibt einen »Austausch der Standpunkte und Auffassungen«, aber keine politischen Diskussionen, die diesen Namen verdienen. Jeder ist mit jedem verfeindet und die prallsten Affären, in die immer wieder die Funktionäre verwickelt sind, würde ausgezeichnet für Vorabendserien taugen. Amsterdamer können ihren Bürgermeister nicht selber wählen. Das ist einmalig in Europa. Der Bürgermeister wird von Regierung und Königin ernannt und ist ein prominenter, meist jüdischer Sozialdemokrat. Aber nicht die Bürgermeister sind die Ursache der Misere, sondern deren Vertreter.

Politik ist Nachbarschaftssache. »Kleine Korruption« heißt das, wenn ein Grüner oder Sozialdemokrat etwa preiswert an eine schöne Wohnung kommt. Sie entschuldigen es damit, sie hätten sich doch so für die Gemeinschaft eingesetzt, also hätten sie es sich verdient.

Unsere Kommunalpolitiker fallen nicht durch revolutionäres Klassenbewusstsein und radikales Denken auf. Alle, die etwas zu sagen haben, kennen sich, haben miteinander studiert oder sich irgendwann und irgendwo getroffen, und jeder weiß über den anderen Geschichten. Hier gilt der Mythos noch, dass alle einflussreichen Köpfe des Landes, die alle guten und schlechten Traditionen einer Nation in sich vereinen, in einer Stadt wohnen. Ein elitärer Kreis von Menschen, die vor allem mit sich selber beschäftigt sind.

Der »Grachtengürtel« oder auch *ons soort mensen*, wird diese Gruppe der selbstgerechten Provinzler genannt, die hinter den Kulissen tätig ist. All die anderen sind *dit soort mensen*, die graue Masse.

Zwanenkoor

Musikalische Tradition

Drehorgeln sehe ich seit einiger Zeit nicht mehr und selten scheppert es: »Wenn der Frühling kommt, schenk ich dir Tulpen aus Amsterdam ... was mein Mund nicht sagen kann, sagen Tulpen aus Amsterdam ...« Auch der »Zwanenkoor« aus dem Jordaan hat das einst so populäre Tulpenlied, vom deutschen Textdichter Klaus-Günter Neumann 1956 geschrieben, nicht im Repertoire. »Es passt einfach nicht in diese Zeit«, erklärt mir Chorleiter Hans Mensink, der das traditionelle einheimische Liedgut erhalten will und darin eine Art Widerstand »gegen die Gleichmachung der englischen Sprache sieht«.

Der Schwanenchor fühlt sich der Tradition des Amsterdamer Lebensliedes, der portugiesischen *saudade* nicht unähnlich, verpflichtet. Die Volkslieder handeln vom Aufmucken gegen die Obrigkeit, von Armut und Arbeit, von Frohsinn und von der Reise durch das Viertel. »Man muss doch an Märchen glauben«, ist die Überzeugung von Mensink. »Die Veränderungen gehen schnell, wir verlieren unsere Wurzeln, und irgendwann reden wir hier alles andere, nur nicht mehr unsere Muttersprache.«

Von Anfang an war Mensink mit Glockenspielen, Fanfarencorps, Mandolinenorchestern und der Musik der Drehorgeln groß geworden. All dies zusammen hat sich zum Amsterdamer Musikstil entwickelt, bei dem Tante Leen, Johnny Jordaan oder Willy Alberti zum festen Café-Repertoire gehören. Da wundert es nicht, dass Mensink mit seinem Schwanenchor eine große Popularität genießt, weil er »rechtzeitig die ureigene Volksmusik« gerettet hat.

Wie sehr das Amsterdamer Lied lebt, sahen wir im Herbst 2004. Der Tod von André Hazes, einem der letzten Amsterdamer Volkssänger, wurde wie eine nationale Tragödie behandelt. Alle Fernsehkanäle und Radiostationen änderten ihre Programme. Alle Zeitungen meldeten das Ableben des 53-jährigen »Amsterdamer Volksjongen« nicht nur auf ihren Titelseiten, sondern widmeten ihm Nachrufe in jenem Stil, dem man anmerkte, dass über die Toten nur Gutes geschrieben werden soll. Die Schriftstellerin Jessica Durlacher lobte ihn als einen »Psalmensänger der modernen Zeit« und schrieb: »So viel Gefühl, so viel tiefer Kummer, so viel gemeinsames Weinen.«

Das Leben des Sängers, der täglich zwanzig Glas Bier getrunken hatte und gerne Bockwürste aß, war von Skandalen umwittert. Seine Lieder waren simpel, verfehlten ihre Wirkung nicht, wenn sie zu später Stunde in den Kneipen gesungen wurden. Das wird sicher so bleiben. Er, der als singender Junge auf dem Albert Cuyp Markt entdeckt wurde, galt als eindimensionaler Held. Ein singender Volksheld von *smartlapen*, Lebensliedern, der seine Fans mit Emotionen besoffen gemacht hat. Geschmacklosigkeit, Nationalismus und Gefühl fielen mit der Ehrung für einen Künstler zusammen, Fröhlichkeit und Rührung vermischten sich, als sein Sarg im Fußballstadion ArenA aufgestellt war: Der Interpret des ›Dutch Blues‹ als Volkstribun. 40 000 Menschen auf den Tribünen, die »Olé! Olé« brüllten und unter Lachen und Tränen Heineken tranken. Zwei Drittel aller Fernsehzuschauer saßen vor den Geräten. So viel Anteilnahme schafft selbst das Königshaus nicht. Es war keine multikulturelle Veranstaltung, sondern ein »Wir-Holland-Gefühl« wie beim Fußball. Soziologen versicherten, solch ein Trauerfest sei einmalig für die nostalgische Volksseele. Es könnte aber auch bedeuten, dass dies der Schwanengesang auf die Amsterdamer Gesangskultur ist.

Ich weiß nicht, ob es stimmt, aber als Anekdote liest es sich auch gut. Als Leopold Mozart 1766 mit seinen beiden musikalischen Kindern, dem neunjährigen Amadeus und der fünfzehnjährigen Nannerl, Amsterdam besuchte, wurde ihr Auftritt wie folgt angekündigt: »Der kleine Amadeus. Kommt das sehen, kommt das sehen! Wunderkinder spielen mit Augenbinden jede Partitur, *quatre mains* und das Hinterste vorn! Sie spielten vor Königen und Königinnen und jetzt vor dem hochverehrten Amsterdamer Publikum.« Das Konzert der Mozartgeschwister wird auch während des Kindergrachtenfestivals aufgeführt. Es ist Teil des Grachtenfestivals in der dritten Augustwoche und Tribüne für junge Talente.

Wasser, Monumente, Musik – die ideale Bühne für das etablierte Concours. An das allererste Grachtenkonzert erinnere ich mich, weil der Steinway-Flügel beim Takeln auf den Ponton in der Prinsengracht knallte. Außerdem hatte es ununterbrochen geregnet. Aber über das Wetter redet ja niemand in Amsterdam. Für die Konzerte im Freien gibt es ein Regenszenario. Ob Schauer oder Sonne, während des fünftägigen Haus-, Garten- und Dachterrassen-Festivals sind die Grachten, die Säle voll. Der Andrang zu den Wasserkonzerten ist beängstigend, sowohl an den Grachten, auf den Brücken als auch auf dem Wasser, wo Hunderte von Booten mit Zuhörern dümpeln. Das Festival, das sich »zwischen Gefühl und Wirtschaftlichkeit« bewegt, ist für die kulturelle Elite, während sich die anderen bei den *smartlapen*-Festivals vergnügen.

Amsterdam hat eine große Tradition als Musikstadt. Da sind nicht nur die Glockenspiele *(die Carillons)*, die Freiluftkonzerte, Kirchenmusik, Musikcafés und das *Concertgebouw*. Seine Gründung geht angeblich auf den Hamburger Komponisten Johannes Brahms zurück. Als der 1879 eingeladen war, seine dritte Symphonie zu dirigieren, war der Klangkörper nicht seinen Anforderungen gewachsen. Brahms daraufhin: »Ihr seid liebe Leute, aber schlechte Musikanten.« Diese Kritik nahm sich das Bildungsbürgertum so zu Herzen, dass sie das *Concertgebouw NV* gründeten.

Heute kann die im Stil der Neurenaissance gestaltete Konzerthalle mit der fabelhaften Akustik den Andrang kaum bewältigen. Brahms stellte hier im Eröffnungsjahr 1888 sein zweites Klavierkonzert vor, und der 24-jährige Wilhelm Mengelberg, der sieben Jahre später Dirigent wurde, führte das Haus zum Welterfolg. Der aus dem Rheinland stammende Mengelberg holte so berühmte Musiker wie Claude Debussy, Richard Strauss, Arnold Schönberg, Maurice Ravel, Igor Stravinsky und Gustav Mahler in sein Haus. Seit Mengelberg wird jeder Dirigent daran gemessen, wie gut er Bruckner und Mahler interpretiert. Schwere Nostalgieanfälle sind kaum zu vermeiden, wenn ich Mahlers vierte Symphonie, von Mengelberg 1939 dirigiert, höre. Ricardo Chailly, der Mahler mit Präzision und Passion dirigierte, hatte zum Abschluss seiner *Concertgebouw*-Karriere Mahlers 9. Symphonie gewählt, denn »diese Komposition symbolisiert meinen Abschied von Amsterdam«. Es gibt wahrscheinlich keinen wichtigeren Posten im kulturellen Leben des Landes, als den des Chefdirigenten des *Concertgebouw*-Orchesters. Der sechste Chefdirigent in der Geschichte des Hauses ist Mariss Jansons, der seine Tätigkeit zwischen München und Amsterdam teilen muss. Jansons will in Amsterdam mehr experimentieren als in München. Wie jeder andere Weltkünstler lebt er sozusagen aus dem Koffer. In München ist es der Bayerische Hof und in Amsterdam eine Suite im japanischen Okura-Hotel.

Die typischen Geräusche der Stadt sind älter, haben die Jahrhunderte überlebt und kommen aus der Luft. Die Live-

Konzerte der städtischen Glockenspieler erklingen von den Türmen der *Munt*, der alten Münze, vom *Wester-* und *Zuidtoren*, der *Oude Kerk* und dem *Koninklijke Paleis*. Carillons von Francis und Pierre Hemony, die berühmtesten Glockengießer des 17. Jahrhunderts, die als *stadsclock- en geschutgieter*, als Glocken- und Geschützgießer, angestellt wurden. Ihr Ehrengrab liegt in der Nieuwe Kerk.

Tagsüber Glocken und nachts Tanz. Dass es soweit gekommen ist, hat die Avantgarde der schwarzen und homosexuellen Szene nicht geahnt, als sie mit ihren ersten housebeats begannen. Längst haben sich die quasi-monotonen Rhythmen der Nachtfalter-Pioniere bis in die Tanzhallen verbreitet. Die kulturelle Elite witterte in dieser Musik den Untergang des Abendlandes. Aber Tanzliebhaber sind ein friedlicheres Volk als die Anhänger des Fußballclubs Ajax.

An neuen Ufern

Architektur im Dialog mit dem Wasser

Ein paar Straßen und eine Menge Häuser, die aussehen wie große bunte Schuhkartons. Keine Papierschnipsel, kein Hundedreck, soziale Kontrolle und Eigenverantwortung ist in den neuen Vierteln wirkungsvoller. Design-, Bau- und Architekturexperten in großer Zahl folgen einer »architecture touristique«, um sich von neuen originellen Bauten auf den Hafeninseln Java, Borneo, Sporenburg und KNSM begeistern und anregen zu lassen. Architektur sei ein Alltagsthema, fast schon so populär wie Fußball, erklärt Maarten Kloos, Direktor des hiesigen Architekturzentrums, die Popularität der architektonischen Wallfahrtsorte am Wasser. Auf den Inseln im östlichen Hafenviertel, wo sich einst Auswanderer nach Übersee eingeschifft hatten, Kräne, Lagerhallen und Kohledampfer das Bild bestimmten, Fabriken und Industrie ansässig waren, erstrecken sich die abwechslungsreichen und monumentalfreien Neubauviertel.

Am besten, sie mieten sich ein Fahrrad und erkunden die Viertel radelnd. So kommen Sie durch Innenhöfe und überqueren Brücken, die für Autos verboten sind. Das gilt natürlich nur bei schönem Wetter, sonst kann es recht trist sein. Sie verlassen die brausende Gegenwart am Ij-Ufer und gelangen über die Jan-Schaefer-Brücke zur anderen Seite. Für die Javainsel entwarf Sjoerd Soeters eine moderne Variante des historischen Grachtengürtels. Die lang gestreckte Insel wurde in vier Teile geteilt, die Grachten mit zierlichen Bogenbrücken verbunden. Junge Architekten und Designer haben hier eine Chance erhalten, innerhalb bestehender Strukturen zu experimentieren. Es ist die Komplexität mit relativ wenig Mitteln, die Fachleute so fasziniert.

Auch hier, etwa an der Brantasgracht, mit den schmalen Wohnhäusern, den großen Fensterflächen, ihren Loggias und Balkonen, leben die Menschen ebenso eng wie bei uns im Zentrum zusammen. Neubaugelände war immer schon knapp und teuer. Weil in Amsterdam eng zusammengewohnt wird, machten die Bewohner das Beste daraus, sie mögen es gerne *knus* – behaglich und mollig auf kleinem Raum. Dafür haben die Bewohner den Vorzug, dass sie in modernen und eleganten Häusern leben. In ihren Treppenaufgängen hängen auch keine Messgeräte wie bei uns an der Gracht, die anzeigen, wie weit das Haus in einem Jahr schon wieder schiefer geworden ist, und die Türen klemmen auch nicht. Wenn jemand die Wahl hat, sollte es lieber eine Wohnung an diesen neuen Ufern oder an den alten Grachten sein? Jene, die ich gehört habe, bevorzugen das überschaubare, erfahrbare und pulsierende Zentrum. Und nicht nur, weil diese kommunikativen Elemente, mit denen die historische Innenstadt ausgestattet ist, fehlen. Die städtischen Funktionen wie Wohnen, Arbeiten, Freizeit und Verkehr bilden eine Einheit und sind nicht, wie in den Stadtteilen der Moderne, voneinander getrennt. »Wohnen und Arbeiten am Wasser« ist das Thema. Und so entstehen am einst verslumten Ij-Ufer, auf ehemaligen Industrieinseln im alten Hafen Büros, Miet-, Sozialbau-, und Eigentumswohnungen. Zugegeben, es gibt auch in den neuen Vierteln architektonische Abstürze und Ausrutscher. Aber die Zahl der Architektur-Solitärs ist doch beachtlich.

Die rechteckige Raumeinteilung, die die Struktur des bebauten Landes bestimmt – Bauland musste aus Sumpf und Wasser gewonnen werden – ist auch hier Maßstab. Aber nicht alles, was hier steht, sieht gut aus. Es herrscht viel Monotonie unter Endlosreihenhäusern, es fehlen Cafés, ein paar Geschäfte. Es gibt sündhaft teure Appartements und Wohnblöcke mit Hunderten von Sozialwohnungen. In den Siedlungen ist das vielschichtige Nebeneinander gewünscht, das in der städtischen Infrastruktur als soziale und kulturelle Pluralität nach geeigneten Lebensformen sucht.

Auf der KNSM-Insel liegen die Wohnungen an der Südseite und die Appartements Pericles, Archimedes oder Diogenes im Norden, während im Wasser die Idylle im Wind schaukelt: Wohnboote, auf denen die Wäsche im Wind hängt. Auf den Halbinseln Borneo und Sporenburg, die eine städtebauliche Einheit bilden, wurde vor allem flach gebaut und in der Scheepstimmermanstraat stehen die architektonischen Paradepferde. An einigen Fenstern hängen Schilder *te koop*. Die Grachtenhäuser des 21. Jahrhunderts, ohne Giebel und Stuck, sollten Sie vom Boot entlang der Stokerkade aus begucken – das ist fast so reizvoll wie eine Grachtenrundfahrt durch das alte Zentrum.

Architektur ist bekanntlich mehr als nur das Aufeinanderschichten von Ziegeln und Beton. Der Ausspruch von Bert Brecht »Ja, mach nur einen Plan, sei nur ein großes Licht, und mach dann noch ’nen zweiten Plan, gehen tun sie doch nicht«, trifft auf eine Vielzahl von Gebäuden nicht zu. Etwa die Vertreter der »Amsterdamer Schule«, eine Gruppe idealistischer, sozialistischer Architekten, deren Architektur für die moderne Gesellschaft Sie bei Ihren Spaziergängen bereits entdeckt haben. Der bekannteste Wohnblock dieser »Schule«, nach 1915 der vorherrschende Baustil, ist das surrealistisch anmutende »Het Schip« am Spaarndammerplantsoen. Das avantgardistische »Schiff« mit der auffallenden Backsteinfassade wurde von Michel De Klerk entworfen. Der monumentale Turm, sichtbarer Mittelpunkt des Häuserkomplexes, gilt als die Ikone der Backstein-Architektur.

Und dann die vielen kleinen Fenster – 82 für eine Wohnung. Die soll De Klerk deshalb angebracht haben, damit die Frauen nicht aus den offenen Fenstern mit der Nachbarin schwätzen, unterstellten ihm seine Kritiker. Seine Gegner skizzierten seine Arbeiten als zu wild, zu phantastisch und zu unbeherrscht. Ihre Kritik richtete sich gegen die Funktionalität und den Drang nach Details. Aber das gerade zeichnet die Anziehungskraft seiner Werke aus. Mit ihren originellen Wohnhäusern glaubten die Architekten die Lebensumstände der umgesiedelten Arbeiterfamilien zu verbessern.

Das moderne Amsterdam trägt unterdessen die Handschrift von Hendrik Petrus Berlage. Sein Hauptwerk ist die *Beurs*, das dominante Börsengebäude am Damrak. Berlage, von sozialistischem Ideengut durchdrungen, ignorierte die historisch inspirierten Baustile des 19. Jahrhunderts und schuf eine funktionale Architektur, gegründet auf strengen Proportionen und soliden Materialien wie Backstein, Glas, Eisen und Beton, für ihn das Material der Zukunft. Als im Jahre 1986 die letzten Börsianer den »Tempel des Kapitals« verlassen hatten, hofften manche, nun werde der mächtige Koloss im Stadtzentrum ein Volkstempel für die Kunst, in der das öffentliche Leben braust. Aber es entstand ein Musikzentrum.

Besonders gern mag ich das *Scheepvaarthuis*, weil die Architekten hier mit ungeheurem Spaß und großer Detailliebe gearbeitet haben. Märchenhafte Skulpturen von Schiffen, Seejungfrauen, Meeresgöttern und Seehelden zieren das ehemalige Bürogebäude von Reedereien. Dieses wunderschöne Gebäude mit seinem prächtigen Innenleben soll eines Tages ein Hotel werden. Darüber wird seit Jahren diskutiert.

Als das Rijksmuseum 1885 nach neunjähriger Bauzeit am Rande der Amsterdamer Innenstadt im noch ländlichen Gebiet eröffnet wurde, galt es als Tor zu einer fremden Welt. Heute ist das Prestigegebäude Teil des Museumsviertels am

Museumsplein mit Van-Gogh-, Stedelijk Museum sowie *Concertgebouw*. In den kommenden Jahren werden Sie vor dem Rijksmuseum (bis 2008) und dem Stedelijk Museum für zeitgenössische Kunst (bis 2006) vor geschlossenen Türen stehen.

Wieder rächt sich, dass Amsterdam die Stadt in sechzehn Stadtteilämter aufgeteilt hat. Auch diesmal geht es nicht um Argumente, sondern um provinzielle Politik und ganze 95 Zentimeter. Im Mai 2005 erreichte der Stadtteil Oud-Zuid, in dem das Rijksmuseum liegt, eine Änderung des Bauplans. Durch den berühmten Durchgang, in dem die spanischen Architekten Cruz y Ortega den zentralen Eingang für das Nieuwe Rijksmuseum geplant haben, muss der sechs Meter breite Fahrradweg bleiben. Die Architekten müssen ihren Plan überarbeiten, die Eröffnung des »Rijks« wird sich wohl verzögern. Lokale Interessen siegten über eine nationale Einrichtung von internationaler Ausstrahlung.

Zu sehen gibt es dennoch etwas. Höhepunkte aus der Kollektion des »Stedelijk« werden im »Stedelijk CS« an der Oosterkade gezeigt und das Rijksmuseum zeigt eine Auswahl seiner Schätze im angrenzenden Philipsflügel seines Hauses. Positiv betrachtet hat die Gelegenheitsausstellung einen Vorteil: Früher waren Stunden nötig, um durch das Labyrinth von 175 Sälen zu eilen, heute benötigen Sie für den Rundgang in etwa eine Stunde und haben alle wichtigen Werke gesehen. Vermittelt werden soll, dass das »Wunder des 17. Jahrhunderts« nur durch die damit verbundene Gewalt und den Handelsgeist möglich gewesen war. Der so erworbene Reichtum war der Ausgangspunkt für die Malerei. »Ausgewählt wurde nach kunsthistorischen, repräsentativen und publikumswirksamen Gesichtspunkten«, so Taco Dibbits. Der Konservator gibt zu, die Auswahl werde nicht jeden zufrieden stellen, »aber es sind die ›Toparbeiten‹«. Etwa Vermeers ›Straße in Delft‹, ›Milchmädchen‹ oder ›Brieflesende Frau‹. Und am Ende stehen Sie Auge in Auge mit den Schützen von Rembrandts ›Die Nachtwache‹.

Linie Drei

Fahrt in eine Parallelwelt

Beim *Concertgebouw* steigt eine ältere Dame ein und sagt freundlich zur schwarzen Schaffnerin: »Goede middag Conductrice.« Dann kommt der Oosterpark, der Dappermarkt und die »Indische *buurt*«, in der achtzig Nationalitäten leben und wo die Straßen Java-, Madura-, Atjeh-, Celebes-, Borneo- oder Balistraat heißen. Sie erinnern an die indonesische Inselwelt, die alte Kolonie.

Beim Oosterpark überqueren wir die Linnaeusstraat. Dort, beim Café »Hollander« wurde am 2. November 2004 der Filmemacher und Polemiker Theo van Gogh erschossen. Es war kein Mord, sondern eine Schlächterei, wie sie Amsterdam noch nie erlebt hatte – und der erste religiös motivierte Mord seit 1572. Die Tat an dem 47 Jahre alten Urgroßneffen des Malers Vincent van Gogh, ausgeführt von einem islamischen Fanatiker, hat an die Grundfesten der modernen Gesellschaft gerüttelt und die Stimmung in der Stadt verändert. Die bis zur Gleichgültigkeit gehende Liberalität der Bewohner, die ein Pendelschlag gegen die puritanische Engherzigkeit gewesen war, bekam einen herben Schlag, und das war der Beginn eines Radikalisierungsprozesses.

Von »Krieg« sprach der Vizepremier, die Medien berichteten von »Niederland brennt«, es gab Anschläge auf Moscheen, Kirchen, der Stadt-Nikolaus musste bei öffentlichen Auftritten eine kugelsichere Weste unter seinem Bischofsmantel tragen und die Politiker schürten Emotionen, galt doch der Mord als erneutes Symptom für die mühsam verlaufende Integration von islamistischen Zuwanderern. Natürlich – es gab Probleme mit kriminellen nordafrikanischen Jugendbanden, die radikalen Einflüsse in den Moscheen waren bekannt, man wusste von geschundenen Frauen. Aber ein Ritualmord? Und dass der 26-jährige Mörder ein in Amsterdam geborener und integrierter Marokkaner war und das Opfer ein provokanter Kämpfer, der gegen die kungelnd politisch korrekten Grünen, Sozialdemokraten sowie Christdemokraten ebenso ausfallend war wie gegen militante Muslime, die er »Ziegenficker« nannte? Aber auch Juden fühlten sich von seinen Sprüchen verletzt. Der lebensfrohe »barocke Dicke« galt als eine Art Hofnarr, stand im Zentrum des Sturms über Meinungsfreiheit.

Van Goghs Mörder war ein Kind der Schüsselantennen, einer der arabisches Fernsehen sah, der die Islamphobie als den Hauptgrund des gesellschaftlichen Scheiterns sah. Für die Einwanderer aus dem marokkanischen Rif muss es ein Schock gewesen sein, als sie nach Amsterdam kamen – ähnlich jenem Kulturbruch, den jene Bauern und Tagelöhner erlebten, die Anfang des letzten Jahrhunderts nach Amsterdam kamen, um zu arbeiten. Und die Entfremdung geht weiter. Der Bericht »Diversitäts- und Integrationsmonitor 2004« kam zu dem Schluss: »Amsterdam wird eine geteilte Stadt.« Es gibt immer mehr Stadtteile, in denen der Großteil der Bevölkerung aus »nichtwestlichen Europäern« besteht. Die Segration an den Schulen ist eine Tatsache ebenso wie die Bildung schwarzer und weißer Viertel. Amsterdamer denken auch negativer über die Integration als beispielsweise Berliner oder Römer. Interessant, der Bericht war vor dem Mord an Theo van Gogh fertig, wurde aber wegen seines brisanten Inhaltes erst ein halbes Jahr später veröffentlicht.

Da man die Muslime nicht ausbürgern und umsiedeln kann, muss man sich also mit dem Thema »Multikulturalismus« auseinander setzen. Und so wird diskutiert, ob eine multi-kulturelle Gesellschaft erstrebenswerter sei als eine multi-ethnische, in der die vorherrschende Kultur die dominante Rolle spielt, oder aber doch lieber die inter-kulturelle Kompetenz. Jene Form gesellschaftlichen Zusammenlebens – Menschen fremder Herkunft, Kultur und anderer Religion zu begreifen, mit ihnen ins Gespräch zu kommen und Handel zu treiben – war einst die Triebfeder für die Weltstadt Amsterdam. Damals ging es darum, dass man einem Traum nachjagte, die Weltmeere eroberte, offen für neue Ideen war. Diversität, Lebensqualität, jedem eine Chance geben und Frieden, denn Kriege waren ja schädlich fürs Geschäft. So kam der Wohlstand in die Stadt und mit ihm die Immigranten und die Glückssucher.

Das Wort Getto nehmen weder Politiker noch Soziologen noch Publizisten in den Mund. In langatmigen Diskussionsveranstaltungen werden die Konflikte thematisiert, die oft an den Betroffenen vorbeigehen. Scheinbar reicht es nicht nur, die Viertel zu modernisieren. Diese Art von »Ingenieursozialismus« sei zu wenig, so Paul Scheffer. Der Professor für »Großstädtische Problematik« an der Universität Amsterdam plädiert für »kulturelle Pfeiler« in jenen Vierteln, die mehrheitlich schwarz sind. Bis es soweit ist, haben radikale islamitische Imane leichtes Spiel mit den Jugendlichen ohne Zukunft und schüren antiwestliche Ressentiments. Junge Immigranten reden plötzlich von »den Amsterdamern« wie von Gegnern. Es entstehen Parallelwelten. Die Kinder besuchen Koranschulen. Moslima, die ihre Kopftücher selbstbewusst als Zeichen des Stolzes und des Kampfes tragen, beherrschen immer häufiger das Straßenbild. Besonnene Stadtpolitiker haben einen Aktionsplan »Wir Amsterdamer« erarbeitet, laden zu gemeinsamen Essen und »schwarz-weißen Kochkursen« und anderen Veranstaltungen, um das Gemeinschaftsgefühl zu fördern. So wird der Kreis jener Neubürger, die »ihr« Viertel nicht mehr verlassen wollen, größer: »Es ist jetzt unsere Heimat«.

Ihre neue Heimat ist auch die sanierte Gegend rund um den Dappermarkt, wo verschleierte Mädchen mit Vorliebe hohe Absätze tragen. Erotik kann eine Antwort sein. Um ihr Gleichgewicht zu bewahren, müssen sie kleinere Schritte machen, und das verleiht ihnen etwas Zierliches. Segensreich ist jedoch bequeme Absatzmode, wie die nie aus der Mode gekommenen Espadrilles, die mit dem Keil, und dann Sneakers in allen Formen und Farben. Mädchen lächeln den Fremden aus purer Freundlichkeit an. Surinamerinnen, gekleidet wie Bonbonnieren, und dann jene Menschen, die ihre Glaubensüberzeugung offen tragen: Sikhs mit hoch aufgebauten Tullbändern, kahl geschorene Buddhisten, Zeugen Jehovas im grauen Mantel, Abgesandte der Scientology-Kirche im schwarzen Anzug. Birnen und Tomaten glänzen am Gemüsestand prächtiger als im Supermarkt. Ein beliebtes Anflugsziel der Möwen ist der Fischstand. Jugendliche aus dem Magreb, die hinter Marktkarren ihre Waren anpreisen. Nette Gesprächspartner sind der Kartoffelmann und die Blumenverkäuferin, die ständig auf die Marktaufsicht schimpft. Stapelweise Handtaschen, Blusen in allen Regenbogenfarben, Karren voll mit Schuhen. Gegrillte Hühner, von denen das Fett tropft. Kunstblumen und Katzenfutter. Zwei Männer mit blauen Hemden, Krawatte und einem »V« auf der Jacke sollen für *veilig*, für Sicherheit sorgen. Die Herren Van der Corput und Angoelal kennen ihre Pappenheimer, die Drogensüchtigen, die kleinen Ganoven, die Strolche und die Aggressiven. Der Käseverkäufer, schon in der zweiten Generation, auf die Frage wie er seine Zukunft einschätzt: »Ich will mein altes Amsterdam wiederhaben.« Aber das gibt es nur noch in der Erinnerung.

Donnerstag

Ein fast normaler Tag

Sieben Uhr dreißig.
Erste Radfahrer auf dem Weg zum Bahnhof. Der Rechtsanwalt von gegenüber schraubt sein Klapprad zusammen, radelt dann zwanzig Minuten zur Garage, steigt in sein Auto und fährt nach Utrecht. Ein Bekannter wartet seit vier Jahren auf die Parkgenehmigung, 600 Euro Jahresgebühr, um an den Grachten sein Auto abstellen zu können.

Acht Uhr dreißig:
Auf den Hintersitzen der vorbeifahrenden Autos Kinderköpfe – auf dem Weg zum Kindergarten. Für die raren Kindergartenplätze werden sie bereits während der Schwangerschaft angemeldet. Die Nachbarin kommt mit dem schwedischen Kronan-Rad. Vorne das Mädchen, auf dem Rücksitz der Junge und gemeinsam werden sie zur »weißen« Schule gefahren. Fast alle »weißen« Eltern, auch jene, die gerne von der multikulturellen Gesellschaft reden, bringen ihre Kinder zur »weißen« Schule.

Neun Uhr:
Die ersten Gäste besetzen die Plätze vor dem Café »Baton«. Die Mädels überlegen, ob es sich wohl lohnt, die Terrasse am Wasser zu öffnen. Die SZ fällt in den Briefkasten. Seit Jahren kommt der Mann mit internationalen Zeitungen auf dem Moped. Bei Wind und Wetter. Noch nie hat er Urlaub gemacht, seiner Brieftauben wegen. Zwölf Exemplare »Le Monde«, acht »Süddeutsche Zeitungen«, je vier Mal »Frankfurter Allgemeine«, »El Pais«, »El Mundo« und »The Daily Telegraph«, zwei »La Repubblica«, der Rest sind Wirtschaftsblätter. Sie sind bestimmt für den pensionierten Richter aus Berlin, den Philips-Mitarbeiter aus Hamburg, den spanischen Weinhändler, den Politiker aus London, die Bibliothekarin aus Warschau, den Lektor aus München oder die italienische Konservatorin.

Zehn Uhr dreißig
Schwarze Müllsäcke säumen die Straße. Auf der Brücke zum Lijnbaanssteg hat André Stellung bezogen. Freundlicher junger Mann, der allen einen *»goedendag«* zuruft, um dann zu fragen, ob jemand 50 Cent für ihn hat. Seit Jahren dieselbe »Brückenzoll«-Zeremonie. Alle, die ihn kennen, geben ihm etwas.

Elf Uhr:
Straßenfeger mit Reisigbesen. Dank ihrer Tätigkeit ist es sauberer geworden. Eine Frau parkt ihren Wagen geschickt in die Lücke. Überhaupt parken sie an den Grachten besser als Männer, sind auch rücksichtsvoller. Es sind immer die Autos der Männer, die in die Kanäle rollen.

Zwölf Uhr:
Die Wasserschutzpolizei weicht einem Rundfahrtboot aus. Der Nachbar spielt Klavier ohne Variationen, immer wieder die gleiche endlose Melodie. Das hat Brahms nicht verdient.

Japanische Touristen, immer in der Gruppe, und fast alle haben sie eine Wasserflasche in der Hand. Die Singelbrücke füllt sich mit gelben Leihrädern. Laute Touristen lassen sich ein schmales Haus zeigen. Es ist einer der Momente, in denen ich den Städtetourismus verfluche. Aber dann erinnere ich mich an jene erste Reise, als ich ebenfalls durch die Gassen von Amsterdam irrte.

Ein Uhr dreißig:
In den kleinen Cafés in den Seitenstraßen wird es voller. Touristen und Büroangestellte bestellen Salat, ein Baguette mit Käse. Ein schneller Lunch ist kein Makel. Ein radelnder Tourist hat nicht aufgepasst und ist vom Rad gefallen. Auf Radio 1 läuft die populäre Sendung »Stand.nl«. Hunderte von Hörern geben ihre Meinung live zu einer suggestiven tagesaktuellen Frage. Endlich kommt der Postbote.

Zwei Uhr:
Studenten im Kopiershop warten und diskutieren. Über das vereinte Europa, über politische Versprechungen und grenzüberschreitende Gesetze, die nicht stimmen, über die hemmende Bürokratie, den Zeitverlust und die hohen Studiengebühren. Im Van-Gogh-Museum wird im Souvenirladen über Budgetflieger, Billig-Mentalität und den Verfall der Museums-Sitten gemeckert.

Vier Uhr:
Die Stadt scheint übersichtlich, nach menschlichem Maß erbaut. Aber das hilft auch nicht immer. Ich habe mich im östlichen Jordaan wieder verradelt. Es geschieht häufiger, dass ich in dem Wirrwarr immer noch die eine oder andere Straße zu früh abbiege.

Fünf Uhr:
Die Bäckereien schließen. In den Trams herrscht drangvolle Enge ebenso wie in den Kneipen. In den Restaurants wird für den Abend gedeckt. Das Müllboot »Amsterdam-Schoonwaterstad« rauscht vorbei und liefert theaterreife Schauspiele. Mit einem Riesennetz wird nach Papier, Holz und anderem schwimmenden Unrat gefischt. Dann werden die ganz großen Brocken gefischt. Namenlose Ruderboote, Jollen, Eco-Toiletten, Fahrräder.

Sechs Uhr:
Ein Reiher fliegt flach über das Wasser. Einige *eetcafés* stellen Tische auf die Gehsteige. An der Prinsengracht sitzen Maler vor ihrer Staffelei. Chinesische Touristen fotografieren sich mit dem Künstler. Glockenspiel. Auf dem Dam steht ein schottischer Dudelsackpfeifer und das unvermeidliche lebende Standbild. Heute ein goldener Ritter.

Sieben Uhr:
Eine schwarze Kutsche rollt über die Brücke. Vor den Kinokassen lange Reihen. Amsterdamer sind begeisterte Cineasten. Alle Filme werden im Original mit niederländischen Untertiteln gezeigt.

Acht Uhr:
Bei Atheneaum blättern Dutzende von Menschen in Magazinen, kaufen Abendzeitungen. Die Cafés am Spui sind voll gut gelaunter Menschen. Polizisten radeln vorbei. An den Abendkassen von Albert Heijn, AH, noch lange Reihen. Touristen verzehren auf den Stufen AH-Snacks. Das Synonym für Supermärkte ist AH, sie sind überall, bestimmen den Geschmack, dabei ist alles geschmacksneutral. Supermärkte im Ausland sind dagegen wahre Feinschmeckertempel. AH-Filialen überwuchern die Innenstadt wie wilder Bambus.

Neun Uhr
Die Nachbarin führt ihren etwas zu dicken Rassehund zu den Bäumen. Entsorgt dessen Dreck nicht. Hundedreck und Nachbarschaftsstreit führen die Rangliste der Unannehmlichkeiten an. Auf dem Leidseplein haben sich Feuerschlucker und Akrobaten eingefunden.

Zehn Uhr:
Regen reinigt die Stadt. Es macht Spaß, unterm Regenschirm entlang der Grachten zu laufen, wenn das prasselnde Wasser die Kanäle aufwühlt. Das abendliche Amsterdam ist unter Regenwolken unheimlich still. Eine Stadt der Träumer.

Mitternacht
Die Lampen an den Grachten streuen ihr warmes Licht aus. In den Kneipen verweilen noch einige späte Gäste. Das Rotlichtviertel zeigt sich noch so betriebsam wie zur Mittagszeit. In den Discos beginnt das Wochenende. Das Abendprogramm *Met het oog op morgen* ist zu Ende. Die populärste Radiosendung beginnt und endet mit einem Song von Reinhard Mey: »Was ich noch zu sagen hätte, dauert eine Zigarette und ein letztes Glas im Stehn.«

Glanzlichter

Kunterbuntes Narrenschiff

Es sind die einzigen Hochhäuser der Stadt: der Rembrandt-, der Mondrian- und der Breitnerturm. Alle drei hören auf die Namen der drei bekannten Amsterdamer Maler, die am Ufer der Amstel ihre Staffelei aufgestellt hatten. Diese Fixpunkte stehen für den neuen Optimismus, für Handelsgeist, Innovation und Kreativität. Der Zufall will es, dass ich zuerst im kleinsten der drei Türme, dem *Breitnertoren*, war und kurz darauf im Rembrandt Tower, dem höchsten Stadtturm, auf dessen Spitze ständig ein Licht blinkt.

Ein sonnengebräunter Mann tritt mir entgegen, nicht sehr groß ist er, der Händedruck zur Begrüßung kräftig. Die Haare locker, das Jackett lichtblau, die Schuhe hellbraun. Gerard Kleisterlee weist auf das schwarze Ledersofa, er selber nimmt neben dem Glastisch Platz. Es gibt Kaffee. Er trinkt aus einer hellen Henkeltasse. Sein Eckzimmer im 14. Stock des Breitnertoren ist nicht größer als das des Amsterdamer Bürgermeisters. Mit dem Unterschied, dass dies die Machtzentrale des Präsidenten und CEO, Chief Executive Officer, eines weltweit agierenden Technologiekonzerns ist.

Der Manager, im schwäbischen Ludwigsburg geboren, will

Europa und seinem Konzern wieder eine führende Rolle in der Hochtechnologie geben. »Wir haben eine Chance«, so der studierte Elektrotechniker, »wenn wir europäisch denken und uns gleichzeitig als Gesellschaft innovativer verhalten.« Als wegweisend gilt »Microsystems Plaza«, in dem High-Tech-Produkte entwickelt werden. Amsterdam ist nicht nur ein Ort der Lebensfreude, sondern auch eine Handels- und Industriestadt. Von seinem Eckbüro schauen wir auf die drei Gefängnistürme und auf das Fußballstadion ArenA. Die glitzernde silberne Kuppel strahlt im Licht, wie überhaupt die Menschen hier eine fast metaphysische Beziehung zum Licht haben. Das Lichtmikroskop ist ihre Erfindung, ihre Meister malten weltberühmtes Licht, Philips ist mit der Produktion von Glühlampen zum Weltkonzern aufgestiegen und hat Dinge entwickelt, die unser Leben angenehmer machen: Videorecorder, Walkman, CD, DVD und die Senseo-Kaffeemaschine.

Zu einem Markenprodukt gehört auch Branding, der Schlüssel, um neue Kunden zu gewinnen und alte zu halten. Wie Philips mit »sense and simplicity« seiner »health care, lifestyle und technology company« ein neues Corporate Design verordnete, hofft auch der Amsterdamer Bürgermeister, mit einem neuen Brand den Amsterdamer Traum zu beflügeln. Ein Brand funktioniert nur so gut, wie ihn die Umworbenen wahrnehmen. Er sollte gelebt und nicht nur »aufgebrannt« werden.

Vom 32. Stockwerk des Rembrandt Tower schaue ich auf das daneben stehende Philips-Gebäude, um das Ergebnis der Suche nach einem einprägsamen Motto fürs Stadtmarketing mitzuerleben. Die Kommunikationsstrategen präsentieren den Slogan »I amsterdam«. »Je suis Paris«, lautet der offizielle Text von Paris, seit den siebziger Jahren ist »I love New York« populär und »Ich bin ein Berliner«, geprägt von John F. Kennedy, lebt auch noch. Nun also »I amsterdam«. Wobei die ersten drei Buchstaben rot geschrieben werden, aber niemand begreift es.

Mit Hilfe von Attributen und Assoziationen soll das Image mit neuem Leben gefüllt werden. City Marketing heißt das Zauberwort. »Ich bin Amsterdamer, du bist Amsterdamer, wir sind Amsterdamer«, brüllt der für die Wirtschaft zuständige Ratsherr. Aber niemand im Saal folgt ihm. Wir alle ahnen, es wird dauern, bis die kritische Masse der Amsterdamer Weltseele diesen Ruf verinnerlicht, dem Ruf ihrer Funktionäre folgt, um die verordnete Zukunftsvision mit Leben zu erfüllen. Der Politiker ist inzwischen wegen Steuerbetrugs abgetreten.

Manch andere Stadt beneidet Amsterdam wegen seiner kulturellen Identität und der multi-ethnischen Vielfalt. Optimismus heißt die Parole. Zurück in die Zeit. In jene Epoche der Morgenröte, *dageraad* genannt, die dem »Goldenen Jahrhundert« vorausging. Ein Zeitalter, als die Stadt Machtzentrum war und sich ein Fettpolster zulegte, vom dem sie heute noch zehrt.

Weltweit wachsen die Städte ins Gigantische, unplanbar und ungeheuer. Im Gegensatz dazu diese Stadt an der Amstel, dem Fluss, dem sie seit rund 725 Jahren ihren Namen verdankt. Ein Ort, in dem menschliches Maß den Rhythmus bestimmt und keine kitschbunte Bilderwelt. »Handelsgeist, Kreativität und Innovation«, so der Bürgermeister, »haben unsere Stadt einst mächtig und attraktiv werden lassen. Diese Merkmale sind es, die heute wieder zählen und auf die wir bauen.«

Mit dem Abschied vom Globalisierungsbegriff kann die negative Botschaft verbunden werden, Städte werden sich ähnlicher. Überall kann man das Gleiche erleben, das Gleiche essen und in gleichwertigen Hotels schlafen. Und weil die global cities in einen internationalen Konkurrenzkampf verwickelt sind, besinnt sich Amsterdam im allgemeinen Wandel des Verständnisses von Stadt auf seine frühere Größe und ergänzt sie mit Standortfaktoren wie Kunst, Kultur und Events-Vehikel von Stadtmarketing.

Von den Mächtigen der verkrustet-linken Klasse wurde die starke Marke Amsterdam lange verwahrlost, den Kräften des Marktes überlassen, die alten Bewohner vertrieb man, der Amtsschimmel wiehert kräftig und Unregelmäßigkeiten werden geduldet. Innerhalb der letzten zehn Jahre haben rund eine halbe Million Bewohner, etwa zwei Drittel der Bevölkerung, Amsterdam verlassen, während dieselbe Anzahl in die Stadt gezogen ist. Das deutet auf Dynamik hin. Nach Fehltritten gibt es also Hoffnung. Aus der Ferne ist Amsterdam die visuelle Stadt der Windmühlen, Drehorgeln, Tulpen oder Holzschuhe. Aus der Nähe die der großstädtischen Arroganz. Für manche Bewohner beginnt die Provinz dort, wo die Trambahn »Vier« endet. Alle, die hier wohnen, sind davon überzeugt, in der schönsten Stadt der Welt zu leben. Darum ist auch niemand darüber erstaunt, dass sie jährlich auf einer Ratingliste unter die zehn Städte gewählt wird, in denen es sich am besten leben lässt.

So viele Besucher, so viele Eindrücke. Aber Amsterdamer haben auch so ihre Meinungen über andere. Vielleicht ist es doch so, dass Besucher so auftreten, wie der Charakter ihres Landes ist. Franzosen gelten ihnen als hochnäsig und ungeordnet, Amerikaner als arrogant und naiv, Briten als trinkfest und unermüdlich, Italiener als fröhlich und lebhaft, Deutsche als laut und konzentriert, Japaner als fotografierfreudig und diszipliniert, Spanier froh, dass sie endlich die Pyrenäen hinter sich gelassen haben. Das alles klingt klischeehaft, aber im Klischee steckt ja bekanntlich auch ein wenig Wahrheit.

Wer aber ist der Amsterdamer? Ein Durchschnittsbewohner ist allein die Freundlichkeit selbst und in der Gruppe unausstehlich. Etwa im Fußballstadion, im Café, am Strand, auf dem Campingplatz. Ich mache mir keine Illusionen mehr, denn für einen Nicht-Amsterdamer ist es nahezu unmöglich, sie zu begreifen. Sie können endlos reden, sie sind direkt und jovial, konservativ und modern, führen ständig ein Widerwort auf den Lippen, kennen keine hochtrabenden Prinzipien, sind Eigenbrötler und Gesellschaftstypen, selbstzufrieden und humorvoll, sie wollen die Welt verändern, Therapeut spielen und lüften ihr Herz, wenn ihnen danach ist.

Je länger ich hier lebe, umso weniger begreife ich ihre Mentalität. Die anfängliche Bewunderung ist in Irritation umgeschlagen. Mit dieser Auffassung befinde ich mich in angemessener Gesellschaft. Diplomaten, Schriftsteller, Korrespondenten und Reisende wundern sich ebenfalls über das Paradoxe in ihrem Charakter – weil es ihn nicht gibt, »den Amsterdamer«. Er scheint mir der legitime Nachfahre des ewig herumgeisternden »Fliegenden Holländers«.

Das Widersprüchliche drückt sich auch in der Frage aus, ob die Ämtermetropole die Hauptstadt von Holland oder den Niederlanden ist? Handelt es sich um zwei Städte, eine, die wir erleben, oder eine, die nur in Gedanken existiert? Es war der Wunsch von Napoleon, aus Amsterdam eine moderne Hauptstadt seines neuen Königreiches zu machen. Seit 1815, nachdem die alte Republik in eine konstitutionelle Monarchie umgewandelt wurde, ist sie Hauptstadt, in der die Inthronisierung der Könige oder Königinnen stattfinden muss.

Es gilt als ausgemacht, dass der Amsterdamer ein großmäuliges Wesen ist und gar nicht anders kann, als rotzig-sentimental von den Vortrefflichkeiten seiner Stadt zu schwärmen. Amsterdamer sind neugierig, auch darauf, was andere über ihr kunterbuntes Narrenschiff denken. Meckern Sie nicht, sondern loben Sie ihn und seine »kleine Weltstadt«. Einig sind sich Kritiker und Kritisierte darin: Amsterdamer gehören nicht zur Avantgarde der Angepassten.

Das Produkt Amsterdam mit seinen Vorzügen, seiner bestaunten Innenstadt, seiner multi-ethnischen Szene und der ach so lockeren Atmosphäre soll genutzt werden. Mit der Offensive soll es gelingen, sie gegenüber hartnäckigen Konkurrenten wie Barcelona, Prag, Dublin, Wien und natürlich Berlin als Touristenstadt neu zu positionieren. Vieles wird sich über den Preis regeln.

Die Werbestrategen um den Stadtvater hoffen, dass die Bewohner den Traum von Amsterdam in sich tragen und den Slogan »I amsterdam« verinnerlichen. Und wenn nicht? Job Cohen sagt: »Amsterdamer wären keine Amsterdamer, wenn nicht ständig gemeckert würde.« Fragestellern, die ihn darauf hinweisen, dass hier keineswegs alles idyllisch ist, dass Gewalt und Verbrechen, Hochmut und Rassismus bedenklich stimmen, zeigt er sein Sphinxlächeln.

Bereits erschienen:
Gebrauchsanweisung für ...

Amerika
von Paul Watzlawick

Bayern
von Bruno Jonas

die Bretagne
von Jochen Schmidt

China
von Kai Strittmatter

Deutschland
von Maxim Gorski

Dresden
von Christine von Brühl

das Elsaß
von Rainer Stephan

England
von Heinz Ohff

Florenz
von David Leavitt

Frankreich
von Johannes Willms

Genua und die
Italienische Riviera
von Dorette Deutsch

Griechenland
von Martin Pristl

Hamburg
von Stefan Beuse

Irland
von Ralf Sotscheck

Italien
von Henning Klüver

Japan
von Gerhard Dambmann

Kalifornien
von Heinrich Wefing

Köln
von Reinhold Neven Du Mont

London
von Ronald Reng

München
von Thomas Grasberger

New York
von Verena Lueken

Paris
von Edmund White

Polen
von Radek Knapp

Portugal
von Eckhart Nickel

Rom
von Birgit Schönau

das Ruhrgebiet
von Peter Erik Hillenbach

Schottland
von Heinz Ohff

die Schweiz
von Thomas Küng

Sizilien
von Constanze Neumann

Spanien
von Paul Ingendaay

Südengland
von Elke Kößling

Südfrankreich
von Birgit Vanderbeke

Sydney
von Peter Carey

Tibet
von Uli Franz

die Toskana
von Barbara Bronnen

Tschechien und Prag
von Jiří Gruša

die Türkei
von Iris Alanyali

Venedig
von Dorette Deutsch

Wien
von Monika Czernin

PIPER

Christine von Brühl
Gebrauchsanweisung für Dresden

176 Seiten. Gebunden

Dresden ist gleich nach München und Berlin die Stadt, in der die meisten Deutschen gerne leben würden. Was macht das Barockjuwel mit seinen geputzten Sandsteinhäusern so attraktiv? Christine von Brühl, direkte Nachfahrin des Ministers unter August dem Starken und Erbauers der Brühlschen Terrasse, spürt Dresdens Highlights nach: den Alten Meistern in den Museen und den besten Kneipen in der Äußeren Neustadt, wo Erich Kästner aufwuchs, der Rezeptur des einzig wahren Stollens sowie den vielfältigen Geheimnissen des Sächsischen zwischen Dialekt, Tonart und Gesang. Sie verrät, was es mit der »Zitronenpresse« auf sich hat und warum »Pfunds Molkerei« zurecht zum schönsten Milchladen der Welt gekürt wurde. Und sie lädt uns in das Umland ein: nach Meißen mit seinem Weißen Gold, auf die Kletterrouten im Elbsandsteingebirge, nach Pillnitz, Moritzburg und Radebeul, wo die echten Indianer zu Hause sind.

01/1497/01/R

PIPER

Ronald Reng

Gebrauchsanweisung für London

199 Seiten. Gebunden

Es gibt keine bessere Stadt. Zugegeben, auch andere Städte haben ihre Reize, aber London hat alles und von allem im Überfluß: Einwohner, die die Höflichkeit zum höchsten Gut erhoben haben, Parks, die größer sind als deutsche Kleinstädte, das Zafferano's, ein besseres italienisches Restaurant, als es halb Italien hat. Die Tate Modern. Einwohner, die sich selbst am wenigsten ernst nehmen. All das hält London in Bewegung, und kein Verb beschreibt es besser: Die Stadt, sie schwingt! Eine Stadt, deren Schönheit im Alltag liegt, im Miteinander der Menschen. Von ihnen erzählt Ronald Reng. Von ihrem Takt, ihrer Höflichkeit, ihrer gleichgültigen Toleranz, von ihrem Hang zum Extremen. Und nebenbei erfahren wir eine Menge über London, über seine Museen, seine U-Bahn, die Presse und die Kunst, den Fußball und, natürlich, das Leben in den Pubs.

01/1402/01/R

PIPER

Birgit Schönau

Gebrauchsanweisung für Rom

192 Seiten. Gebunden

Die ewige Stadt. Die heilige Stadt. Rom ist die Stadt aller Städte. Mit ihren barocken Palästen, ihren unermeßlichen Kunstschätzen und zahllosen Monumenten ist sie das Gedächtnis unserer abendländischen Kultur. Aber wie ewig ist die Stadt wirklich? Und sind tatsächlich alle Römer fromm? Birgit Schönau flaniert durch die größte Altstadt der Welt und schaut sich den Alltag an zwischen Marmor und Geld, dem haarsträubenden Verkehr, der Mode und der herzhaften römischen Küche. Denn eines ist ganz sicher: Auch vor Ostern fastet hier nur einer, und das ist der Heilige Vater.

01/1451/01/R

PIPER

Johannes Willms

Gebrauchsanweisung für Frankreich

192 Seiten. Gebunden

Haben wir nicht alle eine klar umrissene Vorstellung davon, was eine Französin auszeichnet? Charme, Eleganz und Raffinesse in der Kunst der Verführung … Johannes Willms, seit Jahren französischer Lebensart verfallen, blickt hinter die Kulissen. Mit der Hundeliebe und dem Nationalstolz seiner Nachbarn ist er ebenso vertraut wie mit den Tücken des Linksabbiegens und der Pünktlichkeit schlitzohriger Handwerker in der Provinz. Er kennt das Erfolgsrezept für die einzig wahren Pommes frites und weist uns den Weg durch den schier unergründlichen Verwaltungsapparat der Franzosen. Die verwunschenen Weinberge des Languedoc, der waldreiche Luberon und die mondäne Côte kommen ebenso zu ihrem Recht wie das intellektuelle Paris und die ethnische Vielfalt der Großstädte, die in der Fußballnationalmannschaft ihren vollkommenen Ausdruck findet.

01/1487/01/R

PIPER

Heinrich Wefing

Gebrauchsanweisung für Kalifornien

192 Seiten. Gebunden

Selbst wer zum erstenmal in Kalifornien landet, kommt in ein Land, dessen Bilder ihm längst vertraut sind. Er erkennt die Golden Gate Bridge und den Hollywood-Schriftzug über L. A. wieder, die Palmen und die Sonnenuntergänge. Doch hinter der rosaschillernden Fassade gibt es viel mehr zu entdecken: Heinrich Wefing verrät, warum man sich San Francisco vom Wasser her nähern muß, er lüftet das Geheimnis des Nebels und erklärt, wie ampelfreie Kreuzungen funktionieren. Er nimmt uns zu einer Parade am Unabhängigkeitstag in Sausalito und zur Fahrt durch das Central Valley mit, weiht uns in die besten Small-Plates-Lokale ein, zeigt uns die hitzeflimmernden Highways und die kühle Eleganz der Bauten O. Gehrys. Er gibt preis, warum der Orangensaftvorrat jedes durchschnittlichen Supermarkts ausreicht, um das Death Valley zu fluten – und weshalb in Kalifornien drei Sünden eine zuviel sind.

01/1498/01/R